居家開運快易通

陳冠宇◎著

鴻　運　知　識　科　技　出　版

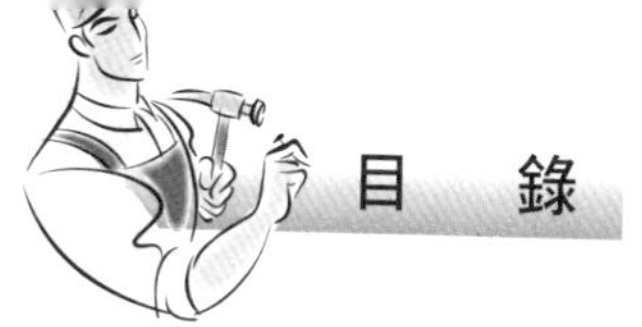

目錄

第三篇 財位的規劃

第四篇 文昌位的規劃

目 錄

第七篇　流年不宜動土方位

出版序

現代人生活十分忙碌，再加上大環境普遍不景氣，因此大多數的人都把時間花在工作上，即使有剩餘的閒暇時段，也多半會將時間花在不用費力氣或花腦筋的休閒上，例如看電視、聽音樂、上網等等，至於閱讀方面，大家也會選擇內容簡單、主題輕鬆的書報雜誌類，至於比較學術性的、需要花費腦力的內容書籍就越來越少人閱讀了，陽宅風水類的書籍就是其中之一。

為了配合現代人一切講求速食的閱讀習慣，陳冠宇大師近年來的著述也不斷的力求精簡與白話，用大家都看得懂的語言，以及現代人都可以理解的觀念來描述陽宅風水的學理，同時也獲得了大多數讀者的認同與肯定，但畢竟這門傳承千年的深奧學說在闡述的時候仍然會涉及到許多較為專業的部分，很難完全用白話一語帶過，這是所有風水書籍的著述者都無法避免的問題。

本社自出版陳大師系列專業著作以來，不斷有讀者向本社反應書籍設計的相關問題，例如有些讀者只想知道如何將陽宅風水的知識「實際應用」在自己的房子身上，對於相關的學理知識並沒有多大的興趣去深入了解，就像生了病看醫生，只要醫生能將病治好就可以，他並不會去過問醫生開的是什麼藥，也不會想去了解每一種藥的藥效之後再來服用，畢竟藥有效才是最重要的。但是也有另一派持不同看法的讀者認為，陳大師的著述能兼顧「說理」與「實用」，不但讓讀者能夠「知其然」也能「知其所以然」，看了之後不會有不明究理而病急亂投醫的情形發生，是最佳的內容組合。

綜合兩派不同意見的讀者反應，本社與陳冠宇大師磋商研議之後，決定採「讀者閱讀習慣分類取向」來作為日後書籍出版的內容設計方針，也就是在陳大師原「開運陽宅系列叢書」之外另闢「快易通系列叢書」，內

容將以現代人最能接受的「工具書」型態來展現，除了在重要的部分會有較為詳盡的理論說明以外，其餘的內容一切採精簡化、步驟化、圖像化、生活化、實用化方向來規劃，讓忙碌且不想多花腦筋的現代人也能實際感受陽宅風水所帶給你的無窮益處，您只要依照書本的指示一步一步照著做，就能展現意想不到的神奇力量！

不過，喜歡在實際運用之餘也想多了解一些風水奧秘的朋友也別擔心，廣受大家推崇與肯定的「開運陽宅系列叢書」也將會持續推出更好的作品與大家見面，更歡迎手上已經有「開運陽宅系列叢書」的忠實讀者能各持一本，相互對照及運用，相信您一定會獲益良多！

作者序——陽宅規劃的藝術與智慧

關於陽宅風水的書籍，筆者已出版過不下數十本，但仍不斷有讀者朋友殷切的詢問：「陽宅有沒有簡單的規劃或佈置範本可以參考？」

這的確是個既實際卻又困難的問題，說「實際」是因為一般讀者大眾普遍都有相同的需求，不想知道太多複雜的五行生剋、陰陽變化等風水理論，只想知道如何以最簡單、最快速、最有效的方法將自己的房子規劃成一間理想的福宅，但此同時，筆者也必須承認，陽宅風水並沒有一套放諸四海而皆準的範本可以依循，其原因很簡單，因為房子既然是給人住的，所以它永遠都是「個性化、差異化」而不是「普遍化、標準化」的商品。

舉個簡單的例子來說，衣服是穿在人身上的商品，它就必須有不同大小、款式及花色，就連制服也一定有大小號之分，如此一來每個人穿在身上才會感覺到舒適合身，若是想更進一步，那非得要依個人身材體態和個別喜好量身訂製不可。陽宅與人的關係也和穿衣理論一樣，陽宅雖然人人能住，但是同一間房子有人住得舒服，有人就是住不習慣，原因出在哪裡？就在於你是否「挑對合適的房子」或「對房子做出正確的規劃」？

找房子就跟挑衣服一樣，光是目測很難挑到完全合身的，最好的方法是直接試穿看看，就知道哪裡太緊？哪裡太長？哪裡要修改等等，但是買房子很難先住個三五個月再決定要不要買，所以挑選時必須根據陽宅風水的吉凶理論一一做檢視，先篩選掉有問題的、不理想的或是有沖煞的房子，關於這一點，大家不妨多利用本系列第一部《居家檢視快易通》書中所為您整理出的重點逐一過濾，最好能做到滴水不漏的地步，當然要做到百分之百是不可能的，但能在購買之前就先發現瑕疵，總比買到之後再想辦法修補來得理想。

解決了「合身」的問題之後，接下來要解決的「適合」的問題，穿起來合身的衣服並不代表每個人來穿都合適，例如橫條紋的衣服若是給身材較胖的的人來穿，看起來會更胖，同樣是合身的衣服，若是換成直條紋的款式則會有拉長身材線條的視覺效果。所以「合適」並不完全等同於「合身」，找到合適的房子之後，還要想辦法讓房子住起來更舒適、更符合你的需求，甚至還可以反過來幫助你開運、招福、旺財！在本系列第二部《居家驗證快易通》書中就為您整理出的百餘項室內設計與裝潢擺設時的重點，其目的就是要讓大家把家中不合宜、有問題的部份一一修正過來，才能讓你住得舒適以外，更能住出好運來！

問題回到最初，如果想親自動手規劃自己的房子，也不是不可能的事，只不過並非人人都是設計師，規劃出來的房子一定與專業的大師有程度上的落差，因為之前說過，房子的設計與規劃必須因人而異，以專業的風水術語來說，住家陽宅必須以人命配卦、配宅、配方位來論斷，也就是說每個人都有自己最適合的陽宅規劃方式，這同時也間接的回答了許多讀者心中的疑問，就是陽宅的規劃是沒有標準範本可依循的。

不過大家也不要太失望，雖然陽宅規劃沒有「絕對」的範本可依循，卻有「相對」的規劃理論可供參考，換句話說，雖然沒辦法設計出每個人都合適的衣服，但是最起碼可以教你大、中、小號的設計差異，身材高大人選擇用大號的統一尺碼來設計，身材嬌小的擇可以選擇小號的尺碼，先求「合身」再求「合適」，衣服做好之後再做細部修改，如此一來，即便不用專業的設計師，你也一樣能夠擁有一件既漂亮又合身的好衣服。

本書是快易通系列叢書住宅篇的最後一部，內容就是在幫大家解決「陽宅規劃」的惱人問題，關於陽宅的規劃，以往大家都會直接交給室內設計師去全權處理，這是很危險的事，因為大部分的室內設計師都沒有陽宅風水的基本概念，設計師在規劃設計的時候，只會考慮到空間的運用與整體的美感，並不會特別注意到有沒有觸犯到風水上的禁忌，居住的人往往都要等到問題發生以後，才會想到找風水師來做彌補，然後是這邊拆、那邊補，白白多花冤枉錢，實在很不划算。為此，本書特地根據陽宅風水理論，針對不同命卦的人與不同方位的陽宅，在規劃時的理想設置方式提出建議，供大家做參考，雖然無法做到百分百的吻合每一個人，但是有它作為您在規劃陽宅時的藍圖大綱，相信您也能輕鬆創造出旺福旺財旺丁的好宅第！

書序──閱讀導引

這是一本專為忙碌的現代人所設計的陽宅風水書，針對現代人沒有多餘時間研讀典籍，又急於了解陽宅風水的相關知識，特別設計的一套超簡易風水自我評量手冊，省去不必要的引經據典，只保留最精要的理論講解，並提供您最佳的問題解決方案，以及一目了然的各式規劃圖表，讓您輕鬆搞定居家風水在規劃時的各種疑惑。

◎這是您裝潢佈置的最佳參考

根據每個人命卦之不同，以及所居住陽宅之差異，幫您擬定出最佳的裝潢佈置方案，教您如何徹頭徹尾做好室內的擺設工作，以免問題越來越大，不論是新居入宅或是舊屋翻新，本書的內容都能完全適用，當然，它也可以當作您在挑選適合自己的房子時的最佳依據。

◎這是您規劃居家風水的理想工具

從客廳到臥室，從廚房到廁所，從大原則到小細節，巨細靡遺的內容任何角落通通不放過，室內的每一個空間處處都充滿了學問，陽宅規劃是一門學問、也是藝術，千萬不要輕易的將如此艱鉅的工作交給完全不懂風水的設計師去主導，本書會針對每一個部份提出最佳的規劃方案供您參考，幫您作出最正確的決策，讓您作自己房子真正的主人！

◎這是您創造福宅的超級指南

不同方位的房子有完全不同的規劃方式，不同的財位、文昌位、桃花位等等，想要利用陽宅風水創造出個人最佳運勢，就必須先掌握其中的關鍵，並且善加利用，本書針對以上的問題提供最詳實扼要的分析說明，並且針對每一個問題擬定出最有效、最中肯的規劃意見，幫助您趨吉避凶、營造旺盛氣場、創造旺財旺丁的最佳吉宅，讓您不再為房子傷腦筋，並且越住越好運！

第一篇
陽宅基礎理論

一、陽宅坐向的基本理論

陽宅的坐向是論斷陽宅風水的根本基礎，不過根據筆者的經驗，至今仍有許多讀者根本搞不清楚如何判別自己房子是坐哪朝哪?坐向不一樣，論斷的方式就完全不同，因此就算問題再簡單，仍有必要詳加說明。

許多人搞不清楚陽宅坐向的判別方式，歸咎原因大致有兩個：

第一、古代的建築千篇一律，大門永遠與房子最大的採光面開在房子的正前方，採光面就是房子的納氣口，因此房子的後面就是「坐」，大門的位置就是房子的「向」。但是現代陽宅的形式千奇百怪，不但開門的位置與最大採光面不同，甚至還有在同一棟大樓中，家家戶戶開門都在不同方位的情形，因此古人「以門論向」的理論有必要重新作一番修正。

第二、因為現代建築的大門與房子最大的採光面不一定同向，造成後人各自解讀的情形，各學派的風水理論提出不同見解，讓不明究理讀者大眾不知該相信那一派的說法為真，也造成今日連最基本的理論都眾說紛紜的局面。

綜觀坊間論陽宅坐向的理論，仍不出「以門論向」及「以採光面論向」兩大類，前面說過，「以門論向」的說法並不符合今日陽宅的現況，因為以大門的大小不足以論斷為房子最主要的納氣口，現代建築最大的納氣口應該來自最大採光面，不過就連以「採光面論向」的說法，在不同風水專家中眼中也有許多差異存在，更何況一般讀者大眾，以下筆者就用不同型態的建築一一為大家解釋陽宅論向的基本規則。

二、獨棟陽宅或別墅的坐向辨別

一般的獨棟陽宅不論其樓層有多少，通常上、下樓層的空間都會採一致的設計，也就是一樓大門開門的地方，和樓上陽臺、落地窗的位置皆為同一方向，故最大採光面與大門的方向就是房子的「向」。但也有及少數例外的情形，就是不同樓層的採光面並不在同一方向，因此在論斷整體陽宅吉凶時，以一樓的坐向為基礎，論斷內部吉凶時則以個別樓層之坐向為準。

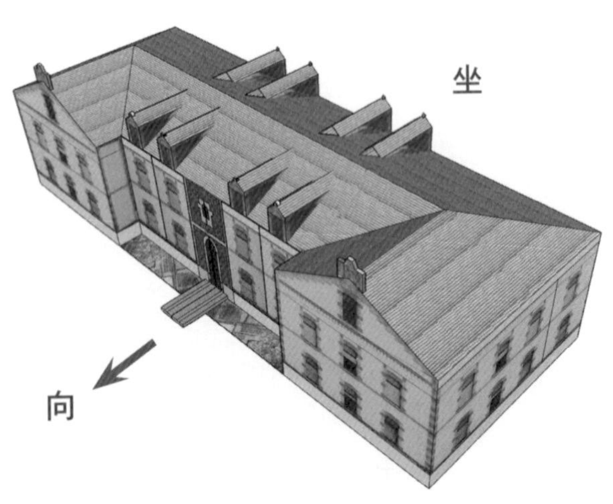

三、舊式的公寓建築的坐向辨別

最大採光面通常是以大落地窗這一面為主，因為大多數的公寓大門開口都是在樓梯或電梯間，採光面較小，因此不能論之為向，但是公寓一樓的住戶應該都是最大採光面與大門同方向的情形，故可以採以門論向。

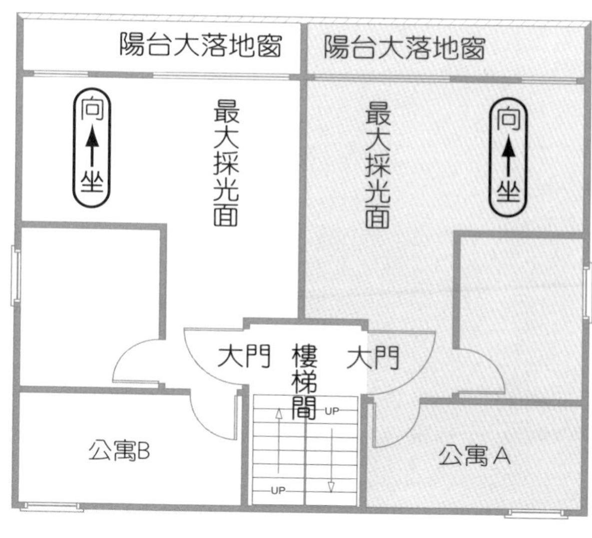

四、舊式三合院的坐向辨別

最大採光面以正廳的大門為主，因三合院為U型設計，而此凹入的地方，正是光線透入面積最大的地方，故以這一面論之為向，這也是古人為什麼要以門論向的原因。

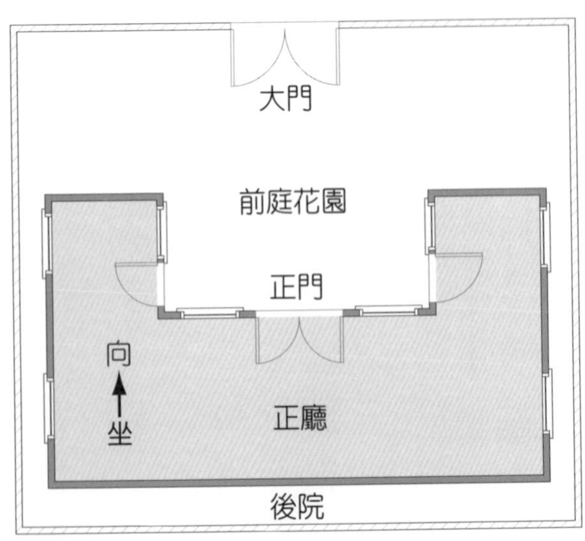

五、整排騎樓式建築的坐向辨別

騎樓式建築一般只有前後兩面採光面，最大採光面通常以面向馬路的一面為主，故騎樓正前方就是房子的向。但若是位於騎樓最邊間或是三角窗的位置，就必須依實際狀況而定，看哪一面的採光面較大，就以此為房子的向。

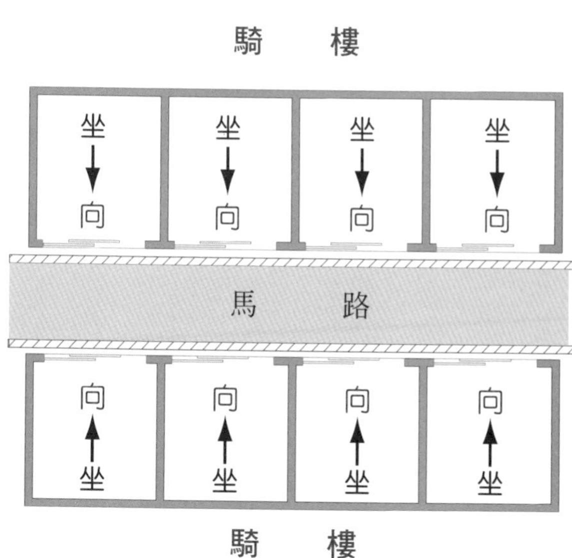

六、多併式大樓的坐向辨別

依照大樓結構與規劃的不同，雖然都位於同一棟大樓，但每一戶之採光面可能都不一樣，因此必須以每一戶採光面的多寡來決定向，一般以採光面最大的一邊做為房子的向，通常都是指大落地窗這一面。

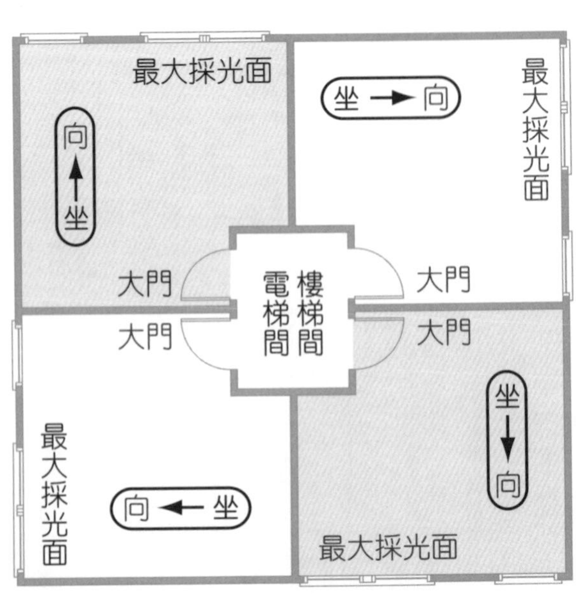

七、關於坐向的其他注意事項

1.要辨別陽宅的坐向一般只需要找出陽宅最大的採光面即可，不過在筆者堪輿的經驗當中也發現有例外的情況，例如一棟大樓的最大採光面原本是在大落地窗這一面，但是當對面的大樓也蓋起來之後，卻遮掉了來自大落地窗這一面的光線，相反的，房子的後陽台因為有預留防火巷的關係，所以光線並沒有被遮住，反而變成了最大的採光面，因此在論陽宅坐向時就必須以這一面為向。

2.有些人認為同一棟大樓只有一個坐向，也就是以一樓的大廳出口為整棟大樓的向，這種說法不完全正確，若是整棟大樓為同一戶人家所居住，或是為同一家公司所使用，可以採用此說法，若大樓的不同樓層為不同住戶或不同公司所分別使用，則必須個別論坐向，道理很簡單，畢竟你使用的空間只限於大樓的「局部」而非「整體」，除非在論斷整棟大樓的整體宅運時，才能採用這種說法。

3.現在有越來越多的集合式住宅大樓社區，雖然每一棟大樓都有不同坐向，但卻擁有一個共同的社區管理大門，有些人就認為這個大門就是整個社區的向，這個說法更是大錯特錯，陽宅論坐向的原則就是「以最大採光面為房子的向」，不會因為陽宅形式、大小而有所不同，最大採光面的認定完全視你的使用面積來決定，如果你住在B棟五樓之二，那麼B棟五樓之二的最大採光面就是你的向。

4.如何辨別方位及陽宅的坐向？

到書局買一個指北針(切勿買成登山用的指南針，因為兩者的方向正好是相反的)，把指北針放在陽宅的正中央，將指北針的指針有顏色的部分對準北或N的位置即可定出東西南北四個方位，然後只要面向陽宅的採光面，指北針上對著自己的就是房子的「坐山」，對到採光面的就是你房子的「向」。

八、宅卦與命卦（一）何謂宅卦？

所謂的宅卦，就是不同方位、不同坐向的房子配合上八卦及陰陽五行所衍生出來的陽宅論述系統，這個系統再由彼此的生剋關係產生了兩大體系，也就是俗稱的東四宅與西四宅。

東四宅： 屬於正陽卦（太陽磁場）	**西四宅：** 屬於正陰卦（月亮磁場）
坎宅（坐北朝南）	乾宅（坐西北朝東南）
離宅（坐南朝北）	兌宅（坐西朝東）
震宅（坐東朝西）	艮宅（坐東北朝西南）
巽宅（坐東南朝西北）	坤宅（坐西南朝東北）

九、宅卦與命卦（二）何謂命卦？

所謂的命卦，就是將個人的出生年庚搭配上八卦所形成。陽宅上所用的命卦在算法上與八字學和紫微斗數的算法略有不同，陽宅配命的方法是以節氣中的冬至為界點，所以冬至以前出生者以本年之命卦論之，冬至以後出生者以下一年之命卦論之。要確定當年之冬至時間，可以查一下萬年曆便可知曉。每年大約在國曆的十二月廿一日或廿二日為冬至。

至於你是屬於哪一個命卦？哪一種磁場？只要查一下後面的男女命卦對照表即可知曉，年運之行運有分陰陽，陽順陰逆行三元九運，故以有男命、女命的區別，查閱時請注意。

十、男女命卦對照表

西元年	出生年	男性命卦	女性命卦
二〇一一	辛卯	兌	艮
二〇一〇	庚寅	艮	兌
二〇〇九	己丑	離	乾
二〇〇八	戊子	坎	艮
二〇〇七	丁亥	坤	巽
二〇〇六	丙戌	震	震
二〇〇五	乙酉	巽	坤
二〇〇四	甲申	坤	坎
二〇〇三	癸未	乾	離
二〇〇二	壬午	兌	艮
二〇〇一	辛巳	艮	兌
二〇〇〇	庚辰	離	乾

西元年	出生年	男性命卦	女性命卦
一九九九	己卯	坎	艮
一九九八	戊寅	坤	巽
一九九七	丁丑	震	震
一九九六	丙子	巽	坤
一九九五	乙亥	坤	坎
一九九四	甲戌	乾	離
一九九三	癸酉	兌	艮
一九九二	壬申	艮	兌
一九九一	辛未	離	乾
一九九〇	庚午	坎	艮
一九八九	己巳	坤	巽
一九八八	戊辰	震	震

西元年	出生年	男性命卦	女性命卦
一九八七	丁卯	巽	坤
一九八六	丙寅	坤	坎
一九八五	乙丑	乾	離
一九八四	甲子	兌	艮
一九八三	癸亥	艮	兌
一九八二	壬戌	離	乾
一九八一	辛酉	坎	艮
一九八〇	庚申	坤	巽
一九七九	己未	震	震
一九七八	戊午	巽	坤
一九七七	丁巳	坤	坎
一九七六	丙辰	乾	離

西元年	出生年	男性命卦	女性命卦
一九七五	乙卯	兌	艮
一九七四	甲寅	艮	兌
一九七三	癸丑	離	乾
一九七二	壬子	坎	艮
一九七一	辛亥	坤	巽
一九七〇	庚戌	震	震
一九六九	己酉	巽	坤
一九六八	戊申	坤	坎
一九六七	丁未	乾	離
一九六六	丙午	兌	艮
一九六五	乙巳	艮	兌
一九六四	甲辰	離	乾

西元年	出生年	男性命卦	女性命卦
一九六三	癸卯	坎	艮
一九六二	壬寅	坤	巽
一九六一	辛丑	震	震
一九六〇	庚子	巽	坤
一九五九	己亥	坤	坎
一九五八	戊戌	乾	離
一九五七	丁酉	兌	艮
一九五六	丙申	艮	兌
一九五五	乙未	離	乾
一九五四	甲午	坎	艮
一九五三	癸巳	坤	巽
一九五二	壬辰	震	震

西元年	出生年	男性命卦	女性命卦
一九五一	辛卯	巽	坤
一九五〇	庚寅	坤	坎
一九四九	己丑	乾	離
一九四八	戊子	兌	艮
一九四七	丁亥	艮	兌
一九四六	丙戌	離	乾
一九四五	乙酉	坎	艮
一九四四	甲申	坤	巽
一九四三	癸未	震	震
一九四二	壬午	巽	坤
一九四一	辛巳	坤	坎
一九四〇	庚辰	乾	離

西元年	出生年	男性命卦	女性命卦
一九三九	己卯	兌	艮
一九三八	戊寅	艮	兌
一九三七	丁丑	離	乾
一九三六	丙子	坎	艮
一九三五	乙亥	坤	巽
一九三四	甲戌	震	震
一九三三	癸酉	巽	坤
一九三二	壬申	坤	坎
一九三一	辛未	乾	離
一九三〇	庚午	兌	艮
一九二九	己巳	艮	兌
一九二八	戊辰	離	乾

西元年	出生年	男性命卦	女性命卦
一九二七	丁卯	坎	艮
一九二六	丙寅	坤	巽
一九二五	乙丑	震	震
一九二四	甲子	巽	坤
一九二三	癸亥	坤	坎
一九二二	壬戌	乾	離
一九二一	辛酉	兌	艮
一九二〇	庚申	艮	兌
一九一九	己未	離	乾
一九一八	戊午	坎	艮
一九一七	丁巳	坤	巽
一九一六	丙辰	震	震

西元年	出生年	男性命卦	女性命卦
一九一五	乙卯	巽	坤
一九一四	甲寅	坤	坎
一九一三	癸丑	乾	離
一九一二	壬子	兌	艮
一九一一	辛亥	艮	兌
一九一〇	庚戌	離	乾
一九〇九	己酉	坎	艮
一九〇八	戊申	坤	巽
一九〇七	丁未	震	震
一九〇六	丙午	巽	坤
一九〇五	乙巳	坤	坎
一九〇四	甲辰	乾	離

西元年	出生年	男性命卦	女性命卦
一九〇三	癸卯	兌	艮
一九〇二	壬寅	艮	兌
一九〇一	辛丑	離	乾
一九〇〇	庚子	坎	艮
一八九九	己亥	坤	巽
一八九八	戊戌	震	震
一八九七	丁酉	巽	坤
一八九六	丙申	坤	坎
一八九五	乙未	乾	離
一八九四	甲午	兌	艮
一八九三	癸巳	艮	兌
一八九二	壬辰	離	乾

十一、宅卦與命卦（四）宅卦與命卦的搭配

宅有宅卦，命有命卦，在論陽宅排定方位的時候，兩者是分開的，因此當宅卦與命卦要搭配起來的時候，就會產生問題了，換言之，什麼人該住何種房子？就有彼此的吉凶對應關係，以下是可能產生的三種情況：

(a)最理想的搭配情況：

命卦與宅卦完全相同，也就是坎命者居坎宅，離命者居離宅，震命者居震宅，巽命者居巽宅，乾命者居乾宅，兌命者居兌宅，艮命者居艮宅，坤命者坤坎宅，這在風水學上稱為全得福元，所謂福元，就是人的先天宮位之氣，是最理想的情況。

(b)理想的搭配情況：

命卦要能與宅卦完全相同，有時候並不容易，不過只要彼此的磁場相

同，也是理想的選擇，就是東四命的人能住到東四宅，西四命的人能住到西四宅，風水學上稱為正得福元，只要年庚能合房子的坐山方向，居住的人其身心必定健康、財源也必然廣進。

(c)不理想的搭配情況：

若是東四命的人居住到了西四宅，或是西四命的人居住到了東四宅，就算房子的方位氣勢還不錯，但是仍然無法得其福元，因此是較不理想的情況。

用個簡單的比喻幫大家記憶及理解，如果你想要在一堆雜亂無章的衣堆中找到適合自己穿的衣服，就必須先幫這些衣服作初步的分類，最簡單的方式，就是先將男裝和女裝分開（東四宅、西四宅），再分別從男裝和女裝中細分出四種不同的大小，男生（東四命）就到男裝（東四宅）的部份找，女生（西四命）就到女裝（西四宅）的部份找，再依照自己的胖瘦高矮尋找不同的大小，如此一來，就算找不到完全符合自己身材的衣服，但最起碼不會發生男生挑到女裝或是女生挑到男裝情況。

最後提醒大家，命卦與宅卦的配合並不代表一切，因為外在環境所產生的吉凶影響程度非常的高，可致大富、也可以讓你大破財，甚至產生嚴重的病痛，所以在選房子的時候，房子的方位雖然是重要的考量，但還必須內外兼顧才可以。

第二篇

以命卦為主的規劃方式

陽宅的空間設計規劃是一門深奧的藝術，它必須符合外在環境景觀和室內生活空間形成相互輝映的一體，它必須具有獨立性、開放性以及私密性。

但要有現代的風格呈現，必須具有自由自在的住宅新觀念之外，也要有極大空間的舒適感，但要達到這一些自然動線空間，就必須配合個人的出生命卦之先天氣。

人從呱呱墜地之時，吸入這世間的第一口氣，就已注定這一生的先天五行氣，它已和所有的物體及空間，形成了密不可分的相對關係，在那霎那間，日、月、行星所下達的能量磁場，和地球形成了相對關係。人居住於此，因此也就將整個量能磁場之能源投射於你的身上，故一生的命運趨勢，就跟隨著日、月、行星的量能磁場之強弱來定吉凶。

而陽宅的空間就是一個接收器，如同接收衛星的圓盤接收天線般，故陽宅的坐向和環境的吉凶，因此也就和人的先天磁場產生了密不可分的關係，它亦可代表人之行運好壞。

因房子有房子的生命力，人會受房子的一切狀況而改變行運，常言道：「相由心生，心隨境轉。」就是這個道理，筆者三十幾年的風水經驗統計得之，陽宅的坐向（理氣），位置（巒頭）磁場可帶來行運之好壞吉凶，臥房的位置與床向，也與人的新陳代謝功能和磁場，產生了生理的疾厄吉凶。

好的空間可讓人神清氣爽、較快恢復疲勞、並且能給人帶來好的財運，使居住之人一切運勢順暢，但是一般人都被陽宅的坐向及床向、灶向形成了很大的困擾，不知該住什麼方向的房子，床向、灶向及房間又要怎麼安排。

因此特提供簡易的個人年命最吉利的方向選擇供大家參考，以作為規劃客廳、廚房、床向、灶向的最佳依據。

一、年命震卦之人的吉凶方位圖

◎艮卦 ◎東北方 ◎五行為土 **六煞方**	◎震卦 ◎正東方 ◎五行為木 **伏位方**	◎巽卦 ◎東南方 ◎五行為木 **延年方**
◎坎卦 ◎正北方 ◎五行為水 **天醫方**	**命卦為震卦之人的吉凶方位**	◎離卦 ◎正南方 ◎五行為火 **生氣方**
◎乾卦 ◎西北方 ◎五行為金 **五鬼方**	◎兌卦 ◎正西方 ◎五行為金 **絕命方**	◎坤卦 ◎西南方 ◎五行為土 **禍害方**

男命：*1898、1907、1916、1925、1934、1943、1952*
***1961、1970、1979、1988、1997、2006*年出生者**

女命：*1898、1907、1916、1925、1934、1943、1952*
***1961、1970、1979、1988、1997、2006*年出生者**

(1)震卦之人的開運吉方位

生氣方：離卦—正南方

延年方：巽卦—東南方

天醫方：坎卦—正北方

伏位方：震卦—正東方

(2)開運吉方位適合規劃為

門路、玄關、主臥室、客廳、房間、書房等。

(3)震卦之人的不吉凶方

絕命方：兌卦—正西方

五鬼方：乾卦—西北方

禍害方：坤卦—西南方

六煞方：艮卦—東北方

(4)不吉的凶方位適合規劃

廁所、廚房、浴室、儲藏間、不常用的閒置空間等。

二、年命坎卦之人的吉凶方位圖

◎乾卦 ◎西北方 ◎五行為金 **六煞方**	◎坎卦 ◎正北方 ◎五行為水 **伏位方**	◎艮卦 ◎東北方 ◎五行為土 **五鬼方**
◎兌卦 ◎正西方 ◎五行為金 **禍害方**	**命卦為坎卦之人的吉凶方位**	◎震卦 ◎正東方 ◎五行為木 **天醫方**
◎坤卦 ◎西南方 ◎五行為土 **絕命方**	◎離卦 ◎正南方 ◎五行為火 **延年方**	◎巽卦 ◎東南方 ◎五行為木 **生氣方**

男命：*1900、1909、1918、1927、1936、1945、1954*
***1963、1972、1981、1990、1999、2008*年出生者**

女命：*1896、1905、1914、1923、1932、1941、1950*
***1959、1968、1977、1986、1995、2004*年出生者**

(1)坎卦之人的開運吉方位

生氣方：巽卦—東南方

延年方：離卦—正南方

天醫方：震卦—正東方

伏位方：坎卦—正北方

(2)開運吉方位適合規劃為

門路、玄關、主臥室、客廳、房間、書房等。

(3)坎卦之人的不吉凶方

絕命方：坤卦—西南方

五鬼方：艮卦—東北方

禍害方：兌卦—正西方

六煞方：乾卦—西北方

(4)不吉的凶方位適合規劃

廁所、廚房、浴室、儲藏間、不常用的閒置空間等。

三、年命巽卦之人的吉凶方位圖

◎震卦 ◎正東方 ◎五行為木 **延年方**	◎巽卦 ◎東南方 ◎五行為木 **伏位方**	◎離卦 ◎正南方 ◎五行為火 **天醫方**
◎艮卦 ◎東北方 ◎五行為土 **絕命方**	**命卦為巽卦之人的吉凶方位**	◎坤卦 ◎西南方 ◎五行為土 **五鬼方**
◎坎卦 ◎正北方 ◎五行為水 **生氣方**	◎乾卦 ◎西北方 ◎五行為金 **禍害方**	◎兌卦 ◎正西方 ◎五行為金 **六煞方**

男命：*1897、1906、1915、1924、1933、1942、1951、1960、1969、1978、1987、1996、2005*年出生者

女命：*1899、1908、1917、1926、1935、1944、1953、1962、1971、1980、1989、1998、2007*年出生者

(1)巽卦之人的開運吉方位

生氣方：坎卦—正北方

延年方：震卦—正東方

天醫方：離卦—正南方

伏位方：巽卦—東南方

(2)開運吉方位適合規劃為

門路、玄關、主臥室、客廳、房間、書房等。

(3)巽卦之人的不吉凶方

絕命方：艮卦—東北方

五鬼方：坤卦—西南方

禍害方：乾卦—西北方

六煞方：兌卦—正西方

(4)不吉的凶方位適合規劃

廁所、廚房、浴室、儲藏間、不常用的閒置空間等。

四、年命離卦之人的吉凶方位圖

◎巽卦 ◎東南方 ◎五行為木 **天醫方**	◎離卦 ◎正南方 ◎五行為火 **伏位方**	◎坤卦 ◎西南方 ◎五行為土 **六煞方**
◎震卦 ◎正東方 ◎五行為木 **生氣方**	**命卦為離卦之人的吉凶方位**	◎兌卦 ◎正西方 ◎五行為金 **五鬼方**
◎艮卦 ◎東北方 ◎五行為土 **禍害方**	◎坎卦 ◎正北方 ◎五行為水 **延年方**	◎乾卦 ◎西北方 ◎五行為金 **絕命方**

男命：*1892*、*1901*、*1910*、*1919*、*1928*、*1937*、*1946*、*1955*、*1964*、*1973*、*1982*、*1991*、*2000*年出生者

女命：*1895*、*1904*、*1913*、*1922*、*1931*、*1940*、*1949*、*1958*、*1967*、*1976*、*1985*、*1994*、*2003*年出生者

(1)離卦之人的開運吉方位

生氣方：震卦—正東方

延年方：坎卦—正北方

天醫方：巽卦—東南方

伏位方：離卦—正南方

(2)開運吉方位適合規劃為

門路、玄關、主臥室、客廳、房間、書房等。

(3)離卦之人的不吉凶方

絕命方：乾卦—西北方

五鬼方：兌卦—正西方

禍害方：艮卦—東北方

六煞方：坤卦—西南方

(4)不吉的凶方位適合規劃

廁所、廚房、浴室、儲藏間、不常用的閒置空間等。

五、年命乾卦之人的吉凶方位圖

◎兌卦 ◎正西方 ◎五行為金 **生氣方**	◎乾卦 ◎西北方 ◎五行為金 **伏位方**	◎坎卦 ◎正北方 ◎五行為水 **六煞方**
◎坤卦 ◎西南方 ◎五行為土 **延年方**	**命卦為乾卦之人的吉凶方位**	◎艮卦 ◎東北方 ◎五行為土 **天醫方**
◎離卦 ◎正南方 ◎五行為火 **絕命方**	◎巽卦 ◎東南方 ◎五行為木 **禍害方**	◎震卦 ◎正東方 ◎五行為木 **五鬼方**

男命：*1895*、*1904*、*1913*、*1922*、*1931*、*1940*、*1949*、*1958*、*1967*、*1976*、*1985*、*1994*、*2003*年出生者

女命：*1892*、*1901*、*1910*、*1919*、*1928*、*1937*、*1946*、*1955*、*1964*、*1973*、*1982*、*1991*、*2000*、*2009*年出生者

(1)乾卦之人的開運吉方位

生氣方：兌卦—正西方

延年方：坤卦—西南方

天醫方：艮卦—東北方

伏位方：乾卦—西北方

(2)開運吉方位適合規劃為

門路、玄關、主臥室、客廳、房間、書房等。

(3)乾卦之人的不吉凶方

絕命方：離卦—正南方

五鬼方：震卦—正東方

禍害方：巽卦—東南方

六煞方：坎卦—正北方

(4)不吉的凶方位適合規劃

廁所、廚房、浴室、儲藏間、不常用的閒置空間等。

六、年命坤卦之人的吉凶方位圖

◎離卦 ◎正南方 ◎五行為火 **六煞方**	◎坤卦 ◎西南方 ◎五行為土 **伏位方**	◎兌卦 ◎正西方 ◎五行為金 **天醫方**
◎巽卦 ◎東南方 ◎五行為木 **五鬼方**	**命卦為坤卦之人的吉凶方位**	◎乾卦 ◎西北方 ◎五行為金 **延年方**
◎震卦 ◎正東方 ◎五行為木 **禍害方**	◎艮卦 ◎東北方 ◎五行為土 **生氣方**	◎坎卦 ◎正北方 ◎五行為水 **絕命方**

男命：*1896、1905、1914、1923、1932、1941、1950、1959、1968、1977、1986、1995、2004*年出生者

女命：*1897、1906、1915、1924、1933、1942、1951、1960、1969、1978、1987、1996、2005*年出生者

(1)坤卦之人的開運吉方位

生氣方：艮卦—東北方

延年方：乾卦—西北方

天醫方：兌卦—正西方

伏位方：坤卦—西南方

(2)開運吉方位適合規劃為

門路、玄關、主臥室、客廳、房間、書房等。

(3)坤卦之人的不吉凶方

絕命方：坎卦—正北方

五鬼方：巽卦—東南方

禍害方：震卦—正東方

六煞方：離卦—正南方

(4)不吉的凶方位適合規劃

廁所、廚房、浴室、儲藏間、不常用的閒置空間等。

七、年命兌卦之人的吉凶方位圖

◎坤卦 ◎西南方 ◎五行為土 **天醫方**	◎兌卦 ◎正西方 ◎五行為金 **伏位方**	◎乾卦 ◎西北方 ◎五行為金 **生氣方**
◎離卦 ◎正南方 ◎五行為火 **五鬼方**	**命卦為兌卦之人的吉凶方位**	◎坎卦 ◎正北方 ◎五行為水 **禍害方**
◎巽卦 ◎東南方 ◎五行為木 **六煞方**	◎震卦 ◎正東方 ◎五行為木 **絕命方**	◎艮卦 ◎東北方 ◎五行為土 **延年方**

男命：*1894*、*1903*、*1912*、*1921*、*1930*、*1939*、*1948*、*1957*、*1966*、*1975*、*1984*、*1993*、*2002*、*2011* 年出生者

女命：*1893*、*1902*、*1911*、*1920*、*1929*、*1938*、*1947*、*1956*、*1965*、*1974*、*1983*、*1992*、*2001*、*2010* 年出生者

(1)兌卦之人的開運吉方位

生氣方：乾卦—西北方

延年方：艮卦—東北方

天醫方：坤卦—西南方

伏位方：兌卦—正西方

(2)開運吉方位適合規劃為

門路、玄關、主臥室、客廳、房間、書房等。

(3)兌卦之人的不吉凶方

絕命方：震卦—正東方

五鬼方：離卦—正南方

禍害方：坎卦—正北方

六煞方：巽卦—東南方

(4)不吉的凶方位適合規劃

廁所、廚房、浴室、儲藏間、不常用的閒置空間等。

八、年命艮卦之人的吉凶方位圖

◎坎卦 ◎正北方 ◎五行為水 **五鬼方**	◎艮卦 ◎東北方 ◎五行為土 **伏位方**	◎震卦 ◎正東方 ◎五行為木 **六煞方**
◎乾卦 ◎西北方 ◎五行為金 **天醫方**	**命卦為艮卦之人的吉凶方位**	◎巽卦 ◎東南方 ◎五行為木 **絕命方**
◎兌卦 ◎正西方 ◎五行為金 **延年方**	◎坤卦 ◎西南方 ◎五行為土 **生氣方**	◎離卦 ◎正南方 ◎五行為火 **禍害方**

男命：*1893、1902、1911、1920、1929、1938、1947、1956、1965、1974、1983、1992、2001、2010*年出生者

女命：*1894、1903、1912、1921、1930、1939、1948、1957、1966、1975、1984、1993、2002、2011*年出生者

(1)艮卦之人的開運吉方位

生氣方：坤卦—西南方

延年方：兌卦—正西方

天醫方：乾卦—西北方

伏位方：艮卦—東北方

(2)開運吉方位適合規劃為

門路、玄關、主臥室、客廳、房間、書房等。

(3)艮卦之人的不吉凶方

絕命方：巽卦—東南方

五鬼方：坎卦—正北方

禍害方：離卦—正南方

六煞方：震卦—正東方

(4)不吉的凶方位適合規劃

廁所、廚房、浴室、儲藏間、不常用的閒置空間等。

九、不同命卦同住的解決方案

一間房子通常不會只有一個人住，而是以一整個家庭居多，當家庭中的成員眾多時，就會遇到不同命卦的人同住在一起的情況，這時候在規劃內部空間時要如何處理？

1. 陽宅的整體規劃要以宅主的命卦為優先考量。
2. 若家中成員眾多，可將陽宅分位正陰卦和正陽卦兩大區塊，因為正陰卦和正陽卦的吉凶方位正好相反，正陰卦的吉方位就是正陽卦的凶方，而正陰卦的凶方就是正陽卦的吉方位，所以正陽卦（東四命）的人可將臥室規劃在正陽卦的吉方位，正陰卦（西四命）的人則可選在正陰卦的吉方位作為臥室的所在。
3. 若夫妻為不同命卦，除非分房睡，要不然折衝的辦法是選在宅主命卦的吉方位規劃為主臥室，再以配偶的命卦吉方位規劃床位及床向。

◎乾卦 ◎西北方 **凶方**	◎坎卦 ◎正北方 **吉方**	◎艮卦 ◎東北方 **凶方**
◎兌卦 ◎正西方 **凶方**	**正陽卦的 吉凶方位**	◎震卦 ◎正東方 **吉方**
◎坤卦 ◎西南方 **凶方**	◎離卦 ◎正南方 **吉方**	◎巽卦 ◎東南方 **吉方**

正陽卦（東四命）的吉凶方位圖

正陰卦（西四命）的吉凶方位圖

十、房子只要規劃好就能興旺一輩子嗎？

世界上最深奧的一本書叫做「易經」，許多命理風水的學說追根溯源其實都是源自易經，而易經的基本精神就是「簡易、不易、變易」，用白話來解釋就是說：「世界上再複雜的事物都可以被簡化、歸納成一些簡單的真理（簡易），而世間唯一不變的真理（不易），就是沒有一個東西或一件事情是永久不變的（變異）。」

以這個概念來說明，教大家依照陽宅風水的理論來規劃房子，這是將複雜的觀念簡化成簡單的方法，讓大家能夠利用古人千百年來所累積的智慧，幫助自己開運造福、創造旺盛的磁場與氣勢，但是相對的，世間沒有永久不變的東西，風水地理也是一樣，房子不是規劃好了就永遠不用管它，就會讓你發一輩子富貴，這道理很簡單，因為有三件事情是無可避免一定會改變的。

(1)個人的命運：

人的命運就如潮水一般，不斷的高低起伏，永遠沒有一刻是靜止的，你讓一個運勢極差的人去住一間極興旺的豪宅，對他的幫助也是極為有限，就像一個病入膏肓的病人，如果不能對症下藥，而只是一味的拿最好的補品讓他補身體，也是無法讓他恢復健康的。

(2)天星磁場的移動：

宇宙中遍佈著難以計數的各種恆星、行星、彗星等等，彼此之間自然而然產生了相對的方向與不同的距離，而星體本身亦各自蘊含著不同的能量並各自釋放著不同的磁場電波，再加上行星公轉與自轉現象而產生彼此之間相對應引力的無窮變化，再加上時間不停的流轉而產生千變萬化捉摸不定的「生、滅、消、長」等對應現象，種種變幻無窮的微妙量能釋放與運作統稱為天星磁場。

地球受天星磁場能量的影響極為密切，因此隨著天星的流轉，地球在每個時空所受到的影響也會跟著改變，這就能夠解釋說，為什麼以前許多的興旺宅第，經過時間流轉之後會變成一片廢墟，而以前許多不起的荒廢土地後來又會突然繁榮起來，紛紛蓋起高樓大廈，這都是因為時空的變化所造成的影響。

(3)地氣的變化：

天星磁場的能量會影響地球上區域的繁榮與衰敗，而大地本身的地氣同樣也會地形地貌的改變或天星磁場的引力作用而出現強弱消漲的變化，一棟房子室內的環境規劃固然很重要，但是室外的環境對於房子的影響卻更巨大，一間原本興旺的住家或店面，很可能會因為附近土地的開發、道路的重新規劃、高樓大廈的不斷興建、甚至河川改道或山坡地的破壞等等不能預期的因素所影響，會逐步從興旺走向衰敗，這也是我們自身無法控制的情況。

所以世界上並沒有能夠讓人興旺一輩子的房子，而是要看你懂不懂得隨著一切的變化來做出最理想的調整。若要說得更深入一點，就連室內的規劃設計方式也要隨著時運變化而有所不同，不是規劃好了就可以永遠不理他，而是要時時體察生活周遭的變化（例如身體的健康、人際關係的變化、財運的起伏、婚姻的和諧等運勢的改變，都可能是變化的前兆），然後做出最理想的調整與改變，才能讓興旺的運勢持續下去，但這部份屬於非常專業的課題，建議您還是交給有經驗、學有專精的大師來幫您做最佳的評估，您只要做好最基本的初步規劃，相信就能夠產生不錯的旺宅效果嘍！

十一、個人吉凶方位的進階運用

本篇最主要在講述個人吉凶方位的辨別與基本運用，知道自己是屬於何種命卦，也知道自己的吉方位在哪裡、凶方位在哪裡之後，就可以進一步對於居家的不同區塊進行細部規劃。不過在本篇結束之前，要說明一個觀念，吉凶方位的運用不僅僅只限於住家整體，也適用於住家的任何空間，換句話說，這個概念可以向外擴大也可以向內縮小。

簡單來說，大樓本身是一個整體，是一個大太極，自己居住的空間是在大樓裡面，是一個小太極，大樓有大樓整體的坐向和吉凶論法，而自己的居住空間也有各自的坐向和吉凶論法，彼此雖然會相互影響但不是絕對，這樣才可以解釋為何居住在同一棟大樓的人會有不同的運勢。在住家中也是一樣，每一個空間都是一個小的太極，客廳是一個小太極、廚房、臥室也都是一個小太極，因此命卦吉凶方位的概念也可以進一步運用到自己的臥室或廚房的擺設等等。

第三篇

財位的規劃

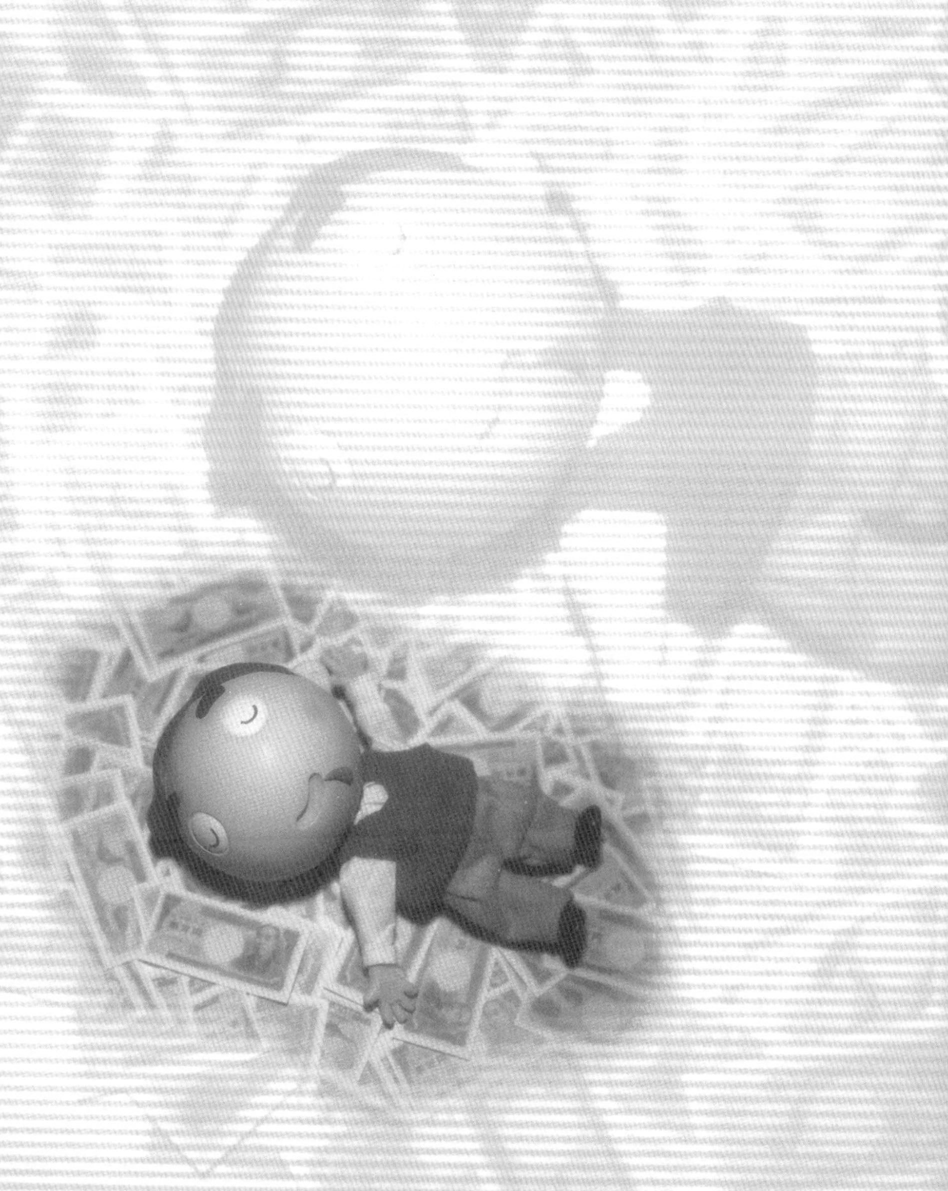

一、何謂財位與洩財位？

◎財位

在功利主義社會中，財富的累積與追求對個人的生涯規劃而言是絕對必要的東西，金錢不是萬能，但沒錢卻萬萬不能！在風水學中，各派別對於「財位」的見解相當分歧，以八宅的論法，每個宅都各分為一個太極，每一個太極當中有生旺方、財官方、洩財方、休囚方等，而財位簡單講就是這間房子磁場最旺的的空間點，根據筆者的經驗，只要能好好運用財位空間，就能讓運氣原本不好的人完全改觀、否極泰來，而運氣原本就很旺的人，還能幫助你更上一層樓、錦上添花！

所以我們在進行室內空間規劃的時候，最好能先將房子的財位找出來，不過一般的情形多半會有財位被其它空間所佔而無法運用的情形，如財位正好是廁所、浴室、樓梯間等等，這無疑是白白浪費了房子的最佳空

間，因此，建議您先將自宅所有財位先找出來，做出最佳的空間規劃及利用，這不但對陽宅本身的磁場有強化的作用，對於居住在裡面的人而言，也是創造金錢財富、改造個人氣勢的最佳辦法。

◎洩財位

相對於陽宅中磁場最旺的財位，其負面區域就是洩財位，財位能凝聚空間的磁場，而洩財位則正好相反，不但不能聚氣反而還會洩氣，因此任何在財位用來加強凝聚磁場的空間擺設，都不宜擺在洩財位，否則會有適得其反的疑慮。

二、坎宅的財位與洩財位佈置方法

房子的最大的採光面在正南方

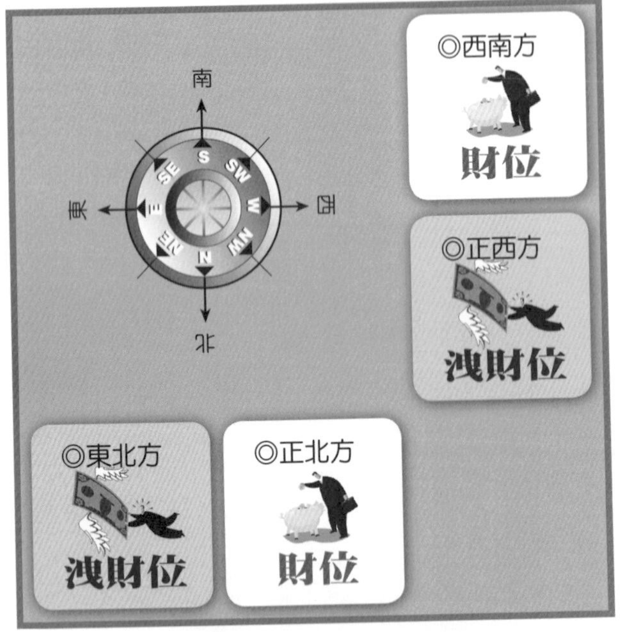

坎宅財位與洩財位示意圖

◎坎　　宅：即坐北朝南的房屋
◎宅體五行：水
◎財　　位：正北方和西南方
◎洩 財 位：東北方和正西方

正北方卦位之最佳招財規劃：

您可以在這個位置上擺放魚缸，養一些自己喜歡的魚，數量不限；或是一個流水造景的水盆，或者準備一個中大型的水缸，注入八分滿的清水，能夠為你帶來很旺盛的財運，流年一到，進財跡象會更明顯。

東四命者可在此方位安床大吉，西四命則不宜，此外若要在此安置神位或辦公桌皆宜。

西南方卦位之最佳招財規劃：

此方具有強烈旺財的氣場，如在此位安放青瓷花瓶（大腹圓口造型者），或者採用蟠龍花瓶或龍盤，龍的造型能生宅體五行之水，可達雙倍的增財效果。家中若有保險箱也可以放置在此方位中，有聚財的功效，亦可選擇在此位擺設神位，讓財神歡喜上門來。

東北方卦位之最忌事項：

東北方為坎宅之洩財位，此方位最忌擺放盆栽或栽種植物，也忌擺水，若此方位規劃為主要辦公室則更加深洩財的能量。

正西方卦位之最忌事項：

正西方為坎宅之洩財位，擺放任何的招財物品皆不宜，若家中的金庫安置於此方位則更不宜，此方位也避免擺放水晶球、玻璃琉璃或尖圓形造型的裝飾品。

三、離宅的財位與洩財位佈置方法

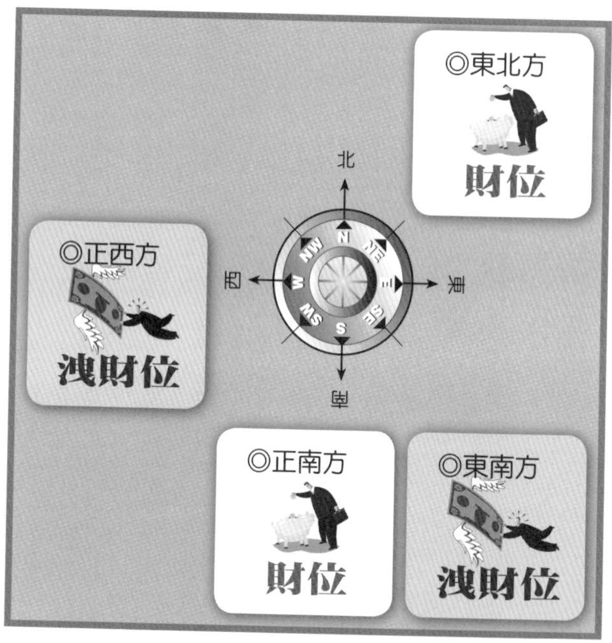

離宅財位與洩財位示意圖

◎離　　宅：即坐南朝北的房屋
◎宅體五行：火
◎財　　位：正南方與東北方
◎洩 財 位：正西方與東南方

正南方卦位之最佳招財規劃：

正南方是離宅的生財方，妥善規劃可以幫你創造意想不到的財富！準備一個聚寶盆，盆底先鋪一層硬幣，聚寶盆的中央要擺上一顆大的水晶球，能夠幫助此空間的財氣凝聚，讓您財源滾滾。您也可以直接擺放水晶球、玻璃琉璃或尖圓形造型的裝飾品來開運。

正南卦位如果用來安置爐灶的話，有旺宅的效果，若是規劃成小孩的書房，對他的課業和學習效果都有很大的幫助，若店面或辦公室，擺設辦公桌、重要的生財器具或是設置收銀台，都是最佳的選擇。

東北方卦位之最佳招財規劃：

可以在東北方卦位安放青瓷花瓶（大腹圓口造型者），或是擺一盆綠色闊葉的植物，攀藤類植物或是帶刺的植物則不宜，用假花或乾燥花亦無效果，最主要盆栽一定要裝滿土，水耕植物不宜。離宅五行為火，所以用魚缸來招財較不宜，若要以擺設魚缸來招財，魚缸旁邊一定要搭配一個盆栽，表示用水來生木，木再來生宅體之火，以五行生剋制化之原理巧妙化解，這種情形就可以將這個房子整體不好的運勢消除掉。

正西方卦位之最忌事項：

正西方卦位為離宅的洩財方，若在此方位開門會讓財氣外洩得更快，故不宜開門，此方位也不宜設置廚房或安置爐灶，擺魚缸或設水池都對居住者有不利的影響，若是此方位正好有擺設魚缸者，最好能儘速移開。

東南方卦位之最忌事項：

東南方卦位亦為離宅的洩財方，家中若有一些金屬的擺飾最好不要擺在此卦位中，另外像是瓷器類的擺飾也不宜擺在此處，恐會讓洩財的情形加劇。

四、震宅的財位與洩財位佈置方法

房子的最大的採光面在正西方

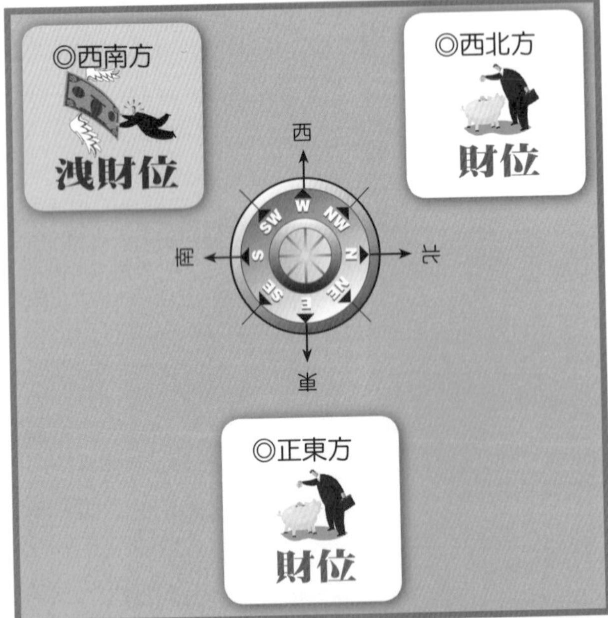

震宅財位與洩財位示意圖

◎震　　宅：即坐東朝西的房屋
◎宅體五行：木
◎財　　位：正東方與西北方
◎洩 財 位：西南方

正東方卦位之最佳招財規劃：

您可以在這個位置上擺放魚缸，養一些自己喜歡的魚，數量不限；或是一個流水造景的水盆，或者準備一個中大型的水缸，注入八分滿的清水，能夠為你帶來很旺盛的財運，流年一到，進財跡象會更明顯。

震宅宅體五行是屬木，為陰水來生陽木的格局，若要擺水族箱最好採用靜音幫浦或是將馬達的聲音調到最小為佳，因為震卦屬於正陽卦，就是長男之卦，所以稱陽木，陽木五行格局，必須用陰水來相生，故不宜有太多的雜音方為吉。

正東方卦位也適合用來安神位或擺放辦公桌，東四命者可在此方位安床大吉，西四命則不宜，若為店面用來設置收銀台則大吉大利。

西北方卦位之最佳招財規劃：

西北方也具有強烈旺財的氣場，如在此位安放一些金屬雕塑品，可達雙倍的增財效果。可選擇在此位擺設神位，讓財神歡喜上門來。

西北方卦位若是規劃成小孩的書房，對他的課業和學習效果都有很大的幫助，相對的，若是規劃為廁所稱為污穢文昌，對學子極為不利。西四命者可在此方位安床大吉，東四命則不宜。

西南方卦位之最忌事項：

西南方卦位為震宅的洩財方，擺放任何的招財物品皆不宜，若在此處開門要特別小心，流年到方容易有官司訴訟與口舌是非之災。

五、兌宅的財位與洩財位佈置方法

房子的最大的採光面在正東方

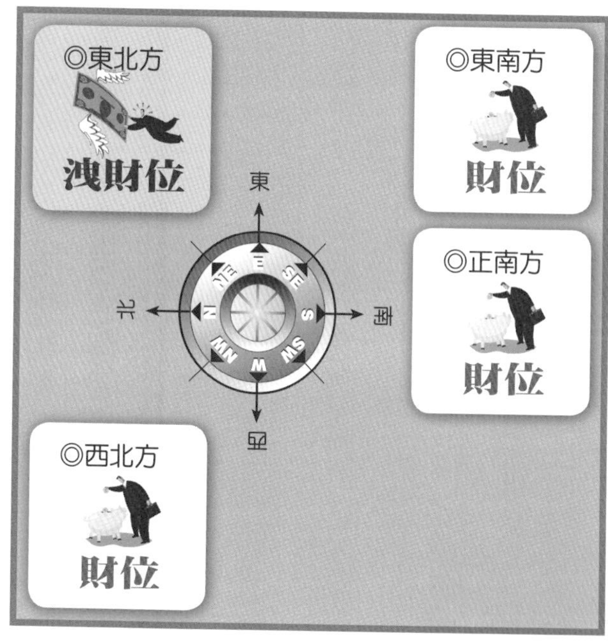

兌宅財位與洩財位示意圖

◎兌　　宅：即坐西朝東的房屋
◎宅體五行：金
◎財　　位：東南方、正南方、西北方
◎洩 財 位：東北方

東南方卦位之最佳招財規劃：

東南方若擺魚缸雖可幫助招財，但東南卦位正好犯到學術理論上所謂的八煞，表示東南卦位雖然能求到很旺的財，可是它的財也容易有所傷害，建議可改掛招財畫或吉祥畫來幫助招財，擺設木雕藝術品亦有不錯的招財功效，商家可以此卦位擺設重要的生財器具或設置收銀台。

正南方卦位之最佳招財規劃：

正南方是離宅的生財方，妥善規劃可以幫你創造意想不到的財富！準備一個聚寶盆，盆底先鋪一層硬幣，聚寶盆的中央要擺上一顆大的水晶球，能夠幫助此空間的才氣凝聚，讓您財源滾滾。您也可以直接擺放水晶球、玻璃琉璃或尖圓形造型的裝飾品來開運。

西北方卦位之最佳招財規劃：

西北方也具有強烈旺財的氣場，如在此位安放一些金屬雕塑品，可達雙倍的增財效果。可選擇在此位擺設神位，讓財神歡喜上門來。若店面或辦公室，擺設辦公桌、重要的生財器具或是設置收銀台，都是最佳的選擇。西四命者可在此方位安床大吉，東四命則不宜。

西北卦位雖為財位，但不宜擺設盆栽或種植植物來招財，在窗邊掛金屬風鈴，讓金屬聲響充滿此空間，可以在無形中幫助你富貴興旺！

東北方卦位之最忌事項：

東北方卦位為兌宅的洩財方，擺放任何的招財物品皆不宜，此卦位若有擺放盆栽或栽種植物者，建議搬離為宜，否則恐會讓洩財的情形加劇。

六、巽宅的財位與洩財位佈置方法

房子的最大的採光面在西北方

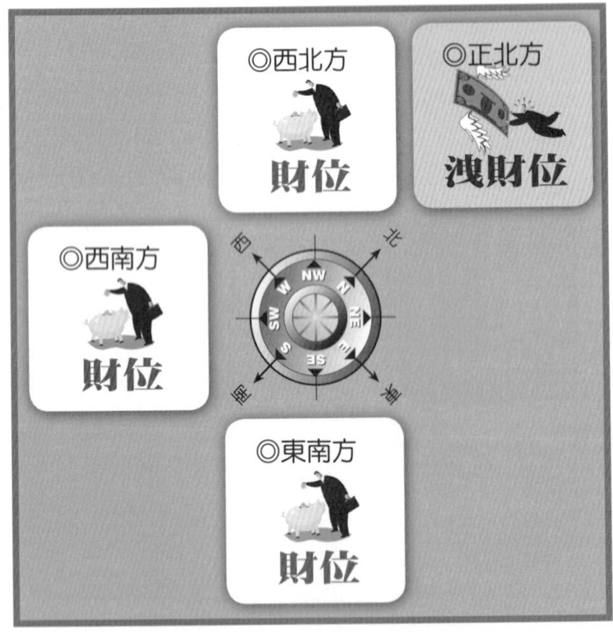

巽宅財位與洩財位示意圖

◎巽　　宅：即坐東南朝西北的房屋
◎宅體五行：木
◎財　　位：西北方、東南方、西南方
◎洩 財 位：東北方

西北方卦位之最佳招財規劃：

坐東南朝西北的房屋是五鬼臨門運財的格局，五鬼運財的房子，正前方必定要有水，有水才會讓五鬼臨門運財來，這個房子正前方沒水，叫五鬼臨門不帶財，不帶財稱為五鬼臨門帶財去，只要在西北方擺魚缸或水缸，不論要不要求財，都會對你有很大的幫助。如果沒有擺水，代表賺來的錢很快就會用完了，也代表會有很大的損耗。

東南方卦位之最佳招財規劃：

您可以在這個位置上擺放魚缸，養一些自己喜歡的魚，數量不限；或是一個流水造景的水盆，或者準備一個中大型的水缸，注入八分滿的清水，能夠為你帶來很旺盛的財運，流年一到，進財跡象會更明顯，或者是擺一些綠色盆栽也有不錯的效果。

此卦位若能安置爐灶屬大吉之格局，因為宅體五行木能生爐灶之火，灶火興旺則財旺，此外，亦可安置神位、擺設辦公桌、重要的生財器具或是設置收銀台等，都是不錯的選擇。東四命者可在此方位安床吉利，西四命則不宜。

西南方卦位之最佳招財規劃：

此方具有強烈旺財的氣場，如在此位安放青瓷花瓶(大圓口的)、聚寶盆、招財盤等，可達雙倍的增財效果。可選擇在此位擺設神位，讓財神歡喜上門來。此卦位亦可安置爐灶、安置神位、擺設辦公桌、重要的生財器具或是設置收銀台等。

正北方卦位之最忌事項：

正北方卦位為巽宅的洩財方，若在此卦位安置神位、開門，皆屬不吉之規劃，宜避免，此卦位特別忌水，若有在此擺水缸或魚缸者應儘快移開，否則洩財情形會更嚴重，放置盆栽則無妨，其他招財物應避免。

七、艮宅的財位與洩財位佈置方法

房子的最大的採光面在西南方

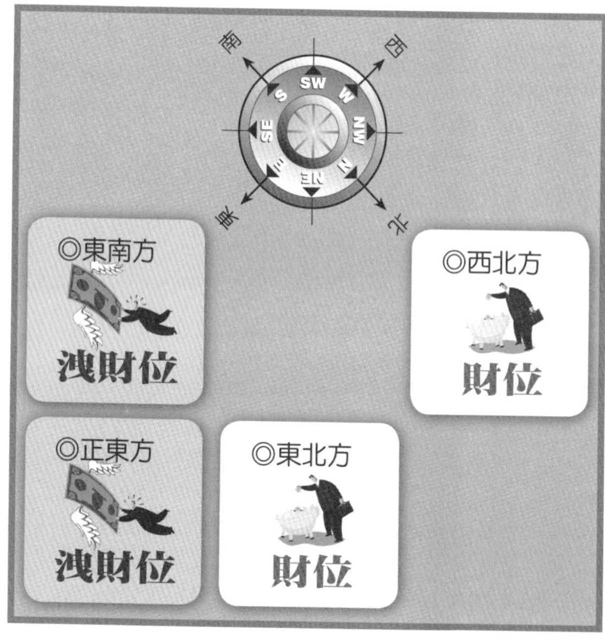

艮宅財位與洩財位示意圖

◎艮　　宅：即坐東北朝西南的房屋
◎宅體五行：土
◎財　　位：東北方、西北方
◎洩 財 位：正東方、東南方

東北方卦位之最佳招財規劃：

可以在東北方卦位安放青瓷花瓶（大腹圓口造型者），或聚寶盆、招財盤等，可達雙倍的增財效果。可安置神位，若為工廠可放置重要的生產機具，皆有利於財利興旺，西四命者可在此方位安床吉利，東四命則不宜，在此卦位設置爐灶的話，灶火能與宅之五行土相生，是旺財旺丁之極佳規劃。

西北方卦位之最佳招財規劃：

西北方具有強烈旺財的氣場，如在此位安放一些金屬雕塑品，可達雙倍的增財效果。可選擇在此開門或位擺設神位，讓財神歡喜上門來。若店面或辦公室，擺設辦公桌、重要的生財器具或是設置收銀台，都是最佳的選擇，若規劃為廁所則屬不吉之格局。

正東方卦位之最忌事項：

正東方卦位為艮宅的洩財方，擺放任何的招財物品皆不宜，家中若有一些金屬的擺飾最好不要擺在此卦位中，否則洩財情形會更嚴重，若將此卦位規劃為廁所或安置爐灶則無妨。

東南方卦位之最忌事項：

東南方卦位為艮宅的洩財方，擺放任何的招財物品皆不宜，家中若有一些金屬的擺飾最好不要擺在此卦位中，否則洩財情形會更嚴重，若將此卦位規劃為廁所或安置爐灶則無妨。

八、乾宅的財位與洩財位佈置方法

房子的最大的採光面在東南方

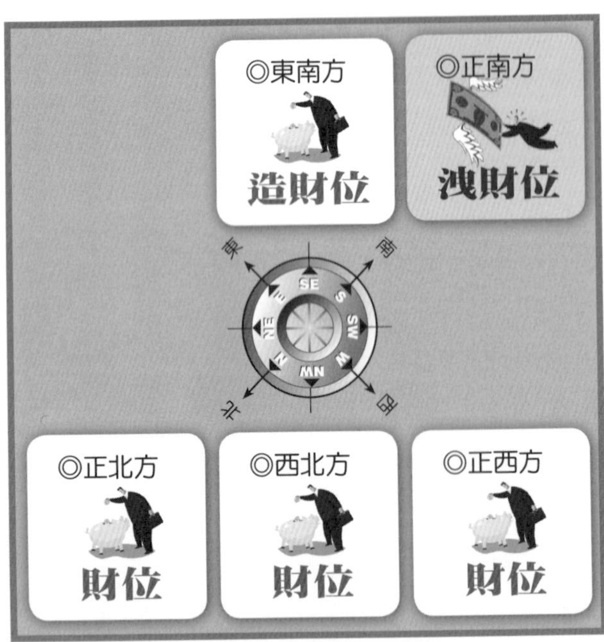

乾宅財位與洩財位示意圖

◎乾　　宅：即坐西北朝東南的房屋
◎宅體五行：金
◎財　　位：正西方、西北方、正北方
◎洩 財 位：正南方

東南方卦位之最佳招財規劃：

坐西北朝東南的房屋是五鬼臨門運財的格局，五鬼運財的房子，正前方必定要有水，有水才會讓五鬼臨門運財來，這個房子正前方沒水，叫五鬼臨門不帶財，不帶財稱為五鬼臨門帶財去，只要在東南方擺魚缸或水缸，不論要不要求財，都會對你有很大的幫助。如果沒有擺水，代表賺來的錢很快就會用完了，也代表會有很大的損耗。

在此卦位安置神位、辦公桌大吉，但不宜規劃為廁所或安置爐灶，否則恐有破財之虞。

正西方卦位之最佳招財規劃：

正西方具有強烈旺財的氣場，如在此位安放一些金屬雕塑品，或是在窗邊掛金屬風鈴，讓金屬聲響充滿此空間，可以在無形中幫助你富貴興旺！

西北方卦位之最佳招財規劃：

正西方具有強烈旺財的氣場，如在此位安放一些金屬雕塑品，或是擺一個裝滿硬幣的撲滿或聚寶盆，都可達雙倍的增財效果。

正北方卦位之最佳招財規劃：

您可以在這個位置上擺放魚缸，養一些自己喜歡的魚，數量不限；或是一個流水造景的水盆，或者準備一個中大型的水缸，注入八分滿的清水，能夠為你帶來很旺盛的財運，流年一到，進財跡象會更明顯。東四命者可在此方位安床吉利，西四命則不宜。

正南方卦位之最忌事項：

正南方卦位為乾宅的洩財方，擺放任何的招財物品皆不宜，此卦位特別忌水，若有在此擺水缸或魚缸者應儘快移開，否則洩財情形會更嚴重。

九、坤宅的財位與洩財位佈置方法

房子的最大的採光面在東北方

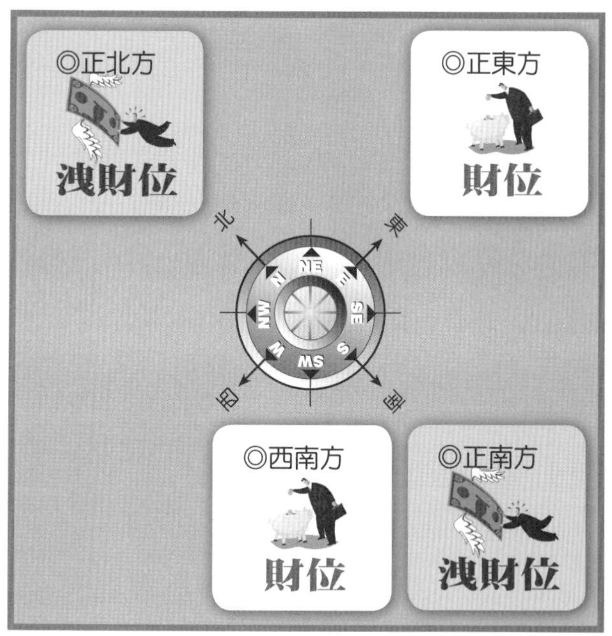

坤宅財位與洩財位示意圖

◎坤　　宅：即坐西南朝東北的房屋
◎宅體五行：土
◎財　　位：正東方、西南方
◎洩 財 位：正南方、正北方

正東方卦位之最佳招財規劃：

您可以在這個位置上擺放魚缸，養一些自己喜歡的魚，數量不限；或是一個流水造景的水盆，或者準備一個中大型的水缸，注入八分滿的清水，能夠為你帶來很旺盛的財運，流年一到，進財跡象會更明顯。此卦位可用來安置神位或爐灶，都對求財有很大的幫助。

西南方卦位之最佳招財規劃：

此方具有強烈旺財的氣場，如在此位安放青瓷花瓶(大圓口的)、聚寶盆、招財盤等，可達雙倍的增財效果。可選擇在此位擺設神位，讓財神歡喜上門來，安置爐灶亦能旺宅旺財。若店面或辦公室，擺設辦公桌、重要的生財器具或是設置收銀台，都可以財源廣進。西四命者可在此方位安床大吉，東四命則不宜。

正南方卦位之最忌事項：

正南方卦位為坤宅的洩財方，擺放任何的招財物品皆不宜，此卦位特別忌水，若有在此擺水缸或魚缸者應儘快移開，否則洩財情形會更嚴重。

正北方卦位之最忌事項：

正南方卦位為坤宅的洩財方，擺放任何的招財物品皆不宜，若為營業場所，此卦位忌開門，開門會讓財氣外洩得更快。

十、財運規劃的注意事項

⑴但是如果不湊巧，您的迎財吉位剛好是廁所、樓梯間、儲藏室時，那將會使您的財運如一灘死水閉塞不暢。所以建議您移除廁所或重新裝潢，但是若無法更動時沒有關係，老師在此提供您一個補救的妙方，您可以盡可能地讓財位保持清淨乾燥，良好的通風，然後善用每年的財位(亦即流年財位)來加以彌補改善。

⑵您的居家迎財方位剛好是缺角時，將會導致您的財運有洩財的情形。因此，您可依據缺角的方位擺放趨吉避凶的吉祥物，藉由五行運轉，通暢缺角所阻擋之財氣。

⑶如果您覺得最近財運不佳、虧損連連時，不妨來個一次大掃除，或是重新粉刷裝潢(行有餘力時)，然後按照以上所說的道法如法泡製，相信您一定會感覺到財運旺旺來的跡象哦！

十一、財運缺角的補救辦法

(1)東北方、西南方缺角：

可以在缺角的位置擺放圓形瓷器就可以化解了，因為東北方和西南方的五行都屬土，由土製成的圓形瓷器能夠讓氣流產生迴旋，圓形的瓷器花瓶放在這裡，會讓整個房子的氣流循環順暢，把缺少的能量自然的補足。

(2)正西方、西北方缺角：

正西方和西北方這兩個卦位的五行屬金，必須在缺角的位置擺放銅製或鐵製的圓球或大圓桶，就可以相對化解缺角所產生的氣。

(3)正東方、東南方：

若是房子的正東方或東南方有缺角的情形，可以將圓形的盆栽擺在缺角的位置上，讓氣場完全化解。東南方與正東方一樣，五行皆是屬木，只要擺上一些綠色植栽物體，而綠色植物就可以轉化不好的氣，讓家裡有肝膽、四肢毛病的人症狀可以減輕。

(4)正北方缺角：

正北方五行屬水，所以建議在缺角的位置上擺水缸或水族箱，建議採用會滾動的水球是比較理想的，當一個圓球在此讓氣場一直循環，水不斷的轉動，讓水蒸氣一直上升，也會帶給氣場無限的吸力，原來空間不好的氣場就會被制化轉為吉氣。

(5)正南方缺角：

正南方五行屬火，要擺相對應的物體來化解，例如水晶、玻璃琉璃，或是有尖圓形造型的物體，尖圓造型的物體可以讓缺角的氣場平和、中庸，故缺角處有相對應的物品讓它改變，才能讓我們居住者可以平安吉祥。

第四篇

文昌位的規劃

一、何謂文昌位？

天上有許多行星，它們的磁場都會投射到地球上來，而房子就像一個接收器，一旦蓋好之後，就能夠接收其無相磁場力，所謂文昌位，就是天上的文昌星所下達到地球的空間點，大到整個國家，小到每一間陽宅，只要是受到文昌星磁場所投射的空間，空間中的人們其智能方面都會受到很大的啟發，而家家戶戶受文昌星磁場所影響的空間就叫做「文昌位」。

那麼您家裡的文昌位到底在哪個方位呢？這是本章所要介紹的重點，陽宅文昌位只要能用得上，就可以增強小孩唸書的記憶能量，雖然小孩的頭腦不是很聰明，但是可以幫助他將書唸好一點，出現比較理想的考運。除了家中有正在唸書的小孩需要注意書房或書桌的擺設位置以外，還有從事需要經常動腦的工作之人，如企劃、作家、分析師、設計師、教師等等，也都要特別注意書房擺設，上述各種開智慧的方法也一樣適用。

二、坎宅與離宅的文昌位

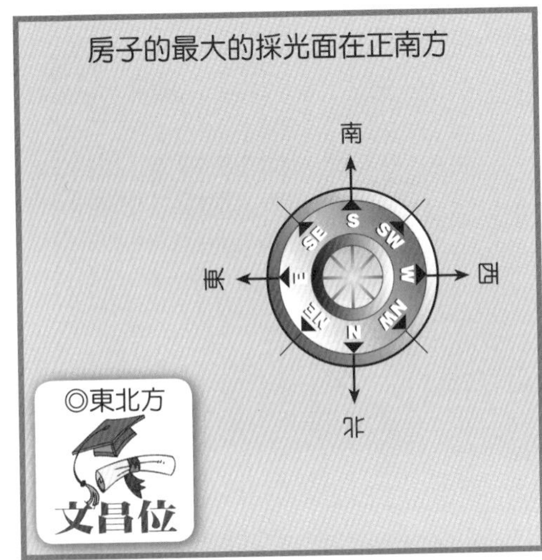

坎宅（坐北朝南）的文昌位示意圖

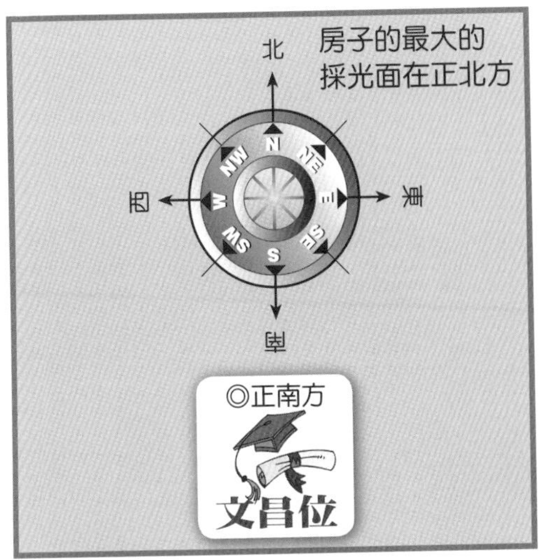

離宅（坐南朝北）的文昌位示意圖

三、震宅與兌宅的文昌位

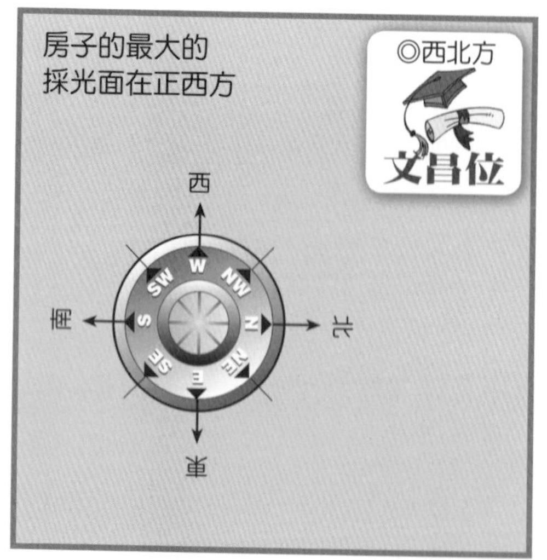

震宅（坐東朝西）的文昌位示意圖

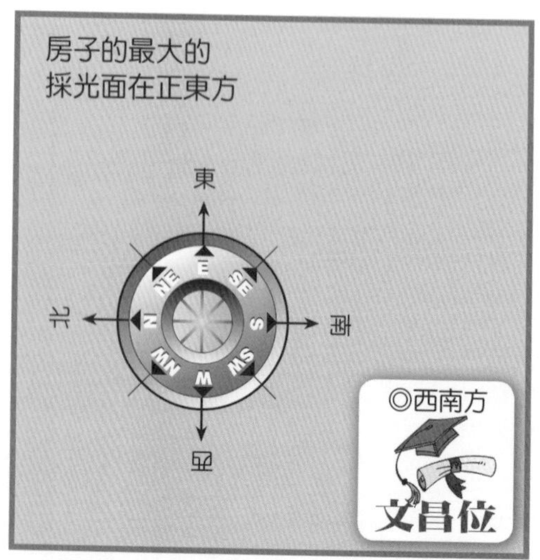

兌宅（坐西朝東）的文昌位示意圖

四、巽宅與艮宅的文昌位

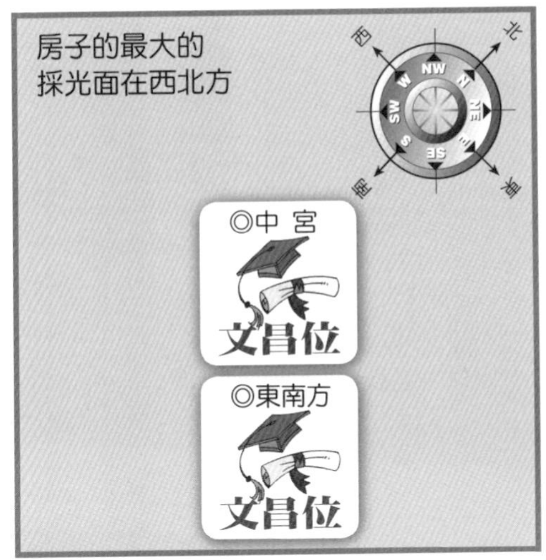

巽宅（坐東南朝西北）的文昌位示意圖

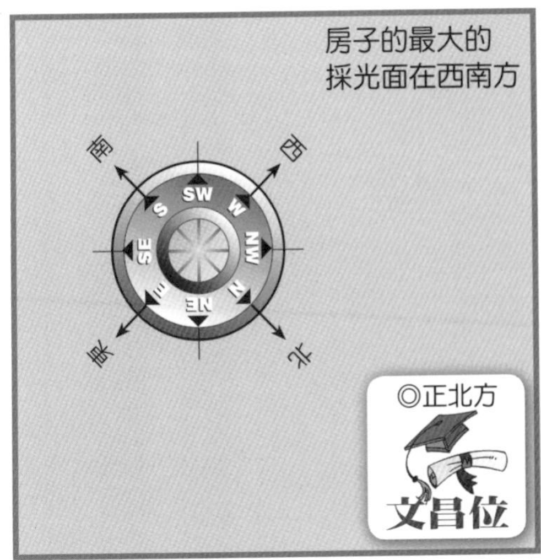

艮宅（坐東北朝西南）的文昌位示意圖

五、乾宅與坤宅的文昌位

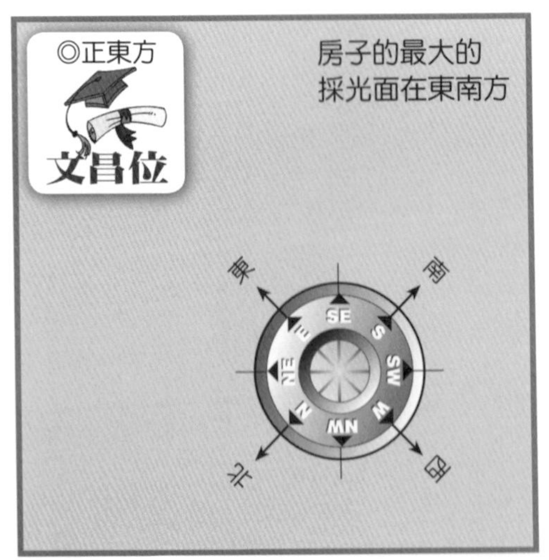

乾宅（坐西北朝東南）的文昌位示意圖

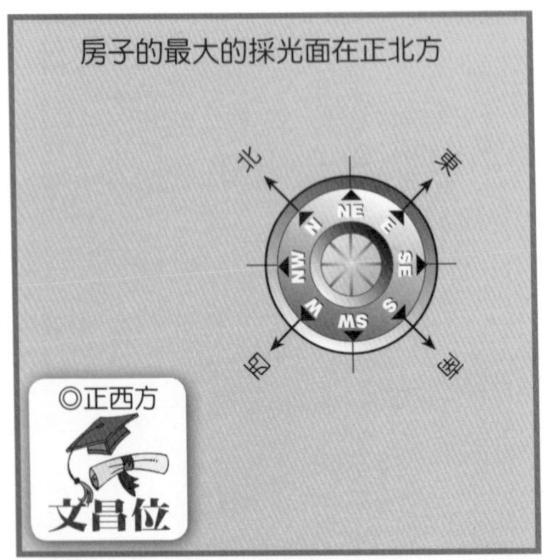

坤宅（坐西南朝東北）的文昌位示意圖

六、如果陽宅的文昌位正好是廁所該怎麼辦？

小孩在應考時想要有好成績，如果位置錯誤，即使事前有充分的準備，臨場考試也不能達到很好的成績。如果整個室內空間設計沒有擺到好的位置，例如廁所的位置正好位於此陽宅的文昌位，就會使這個小孩的考運比別人差，要如何化解呢？

(1)建議此位置盡量少使用，能夠不使用最好，平常要保持乾燥、乾淨，如此可讓小孩唸書唸得好。

(2)如果好位置不易得到，也可以用個人年命的文昌位來當作書房或擺設書桌的空間。

(3)如果年命文昌位還是被佔用或另有規劃，那只好假借流年，文昌星折射的位置，跟著流年在變動，書桌每年調整，一樣可以幫助您與小孩。

七、甲年與乙年出生之人的年命文昌位

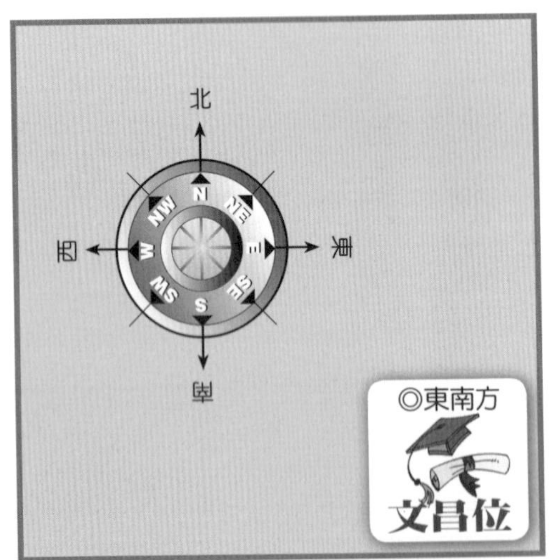

甲年出生之人的年命文昌位示意圖

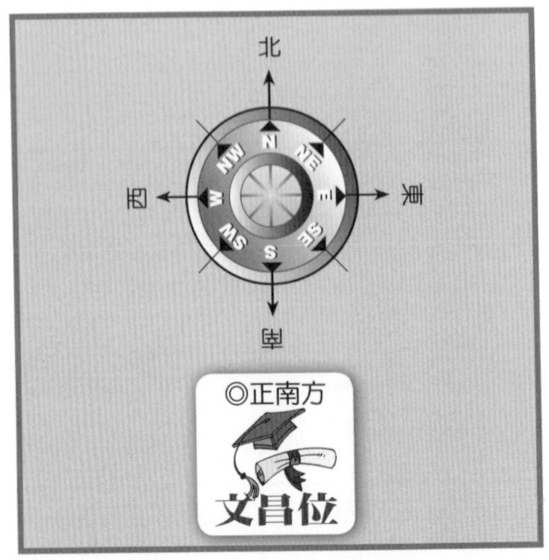

乙年出生之人的年命文昌位示意圖

八、丙年與丁年出生之人的年命文昌位

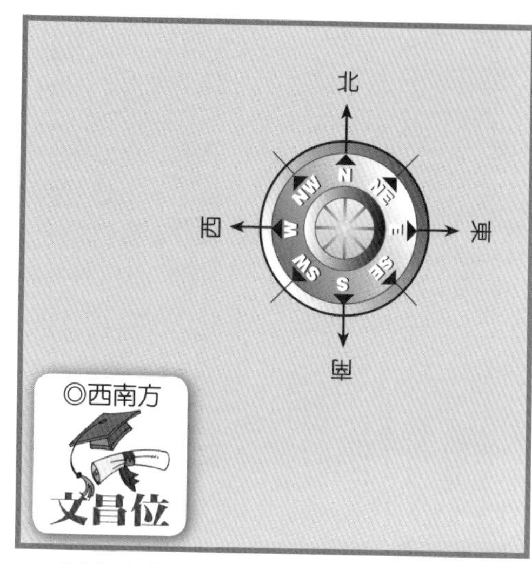

丙年出生之人的年命文昌位示意圖

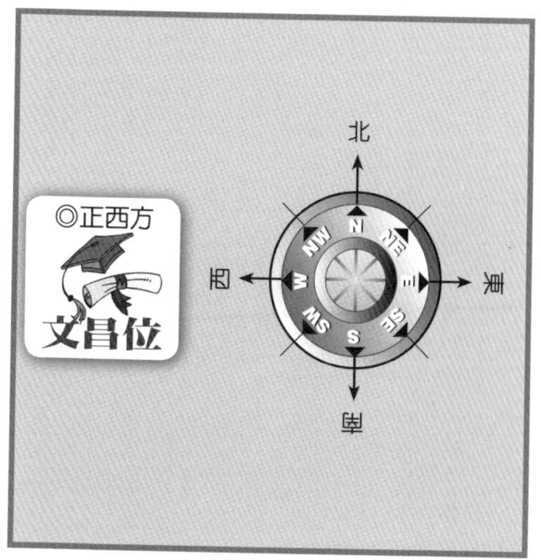

丁年出生之人的年命文昌位示意圖

九、戊年與己年出生之人的年命文昌位

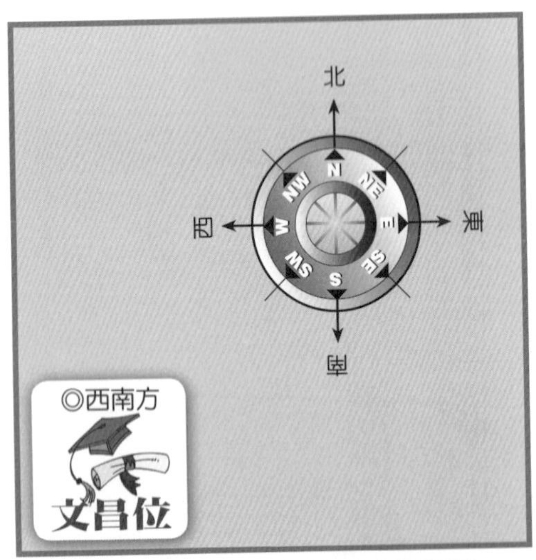

戊年出生之人的年命文昌位示意圖

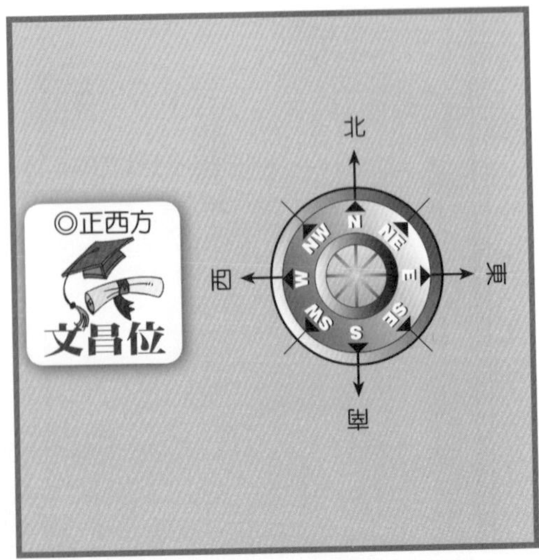

己年出生之人的年命文昌位示意圖

十、庚年與辛年出生之人的年命文昌位

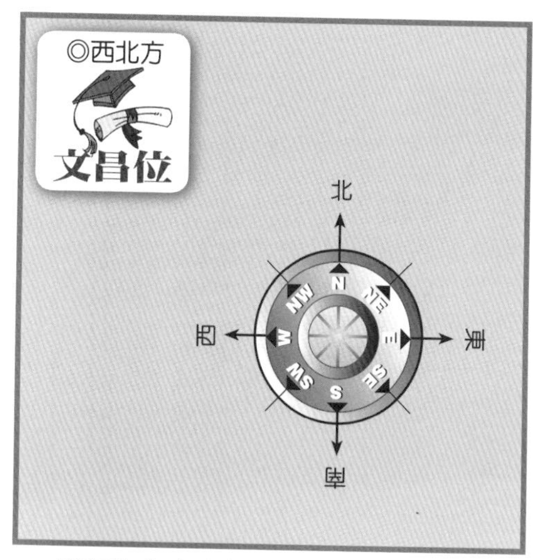

庚年出生之人的年命文昌位示意圖

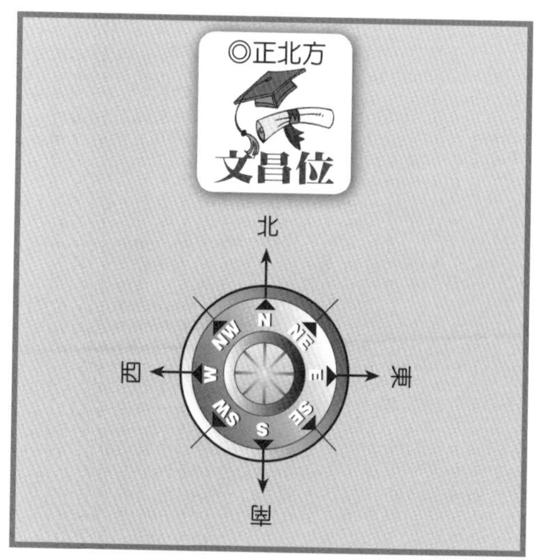

辛年出生之人的年命文昌位示意圖

十一、壬年與癸年出生之人的年命文昌位

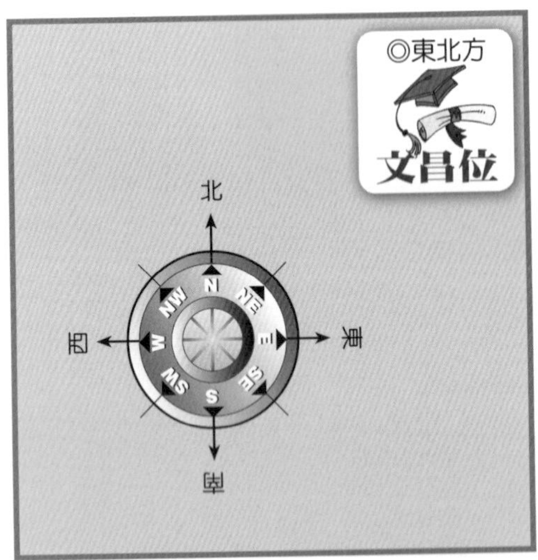

壬年出生之人的年命文昌位示意圖

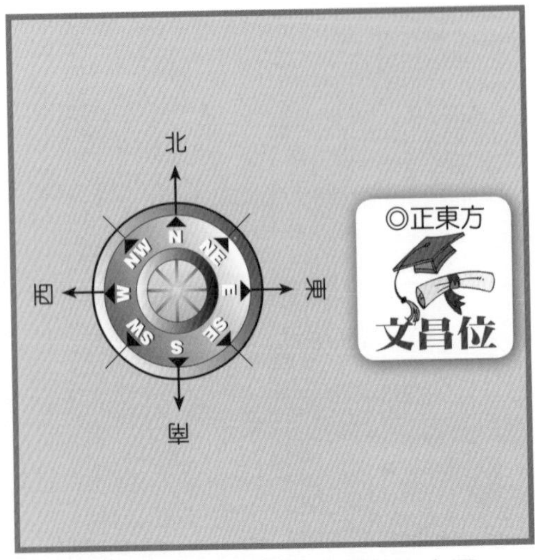

癸年出生之人的年命文昌位示意圖

十二、年命文昌位對照表

出生年	年命文昌位	西元年對照表
甲年	東南方	1924, 1934, 1944, 1954, 1964, 1974, 1984 1994, 2004, 2014, 2024, 2034, 2044, 2054 2064, 2074, 2084, 2094, 2104, 2114, 2124
乙年	正南方	1925, 1935, 1945, 1955, 1965, 1975, 1985 1995, 2005, 2015, 2025, 2035, 2045, 2055 2065, 2075, 2085, 2095, 2105, 2115, 2125
丙年	西南方	1926, 1936, 1946, 1956, 1966, 1976, 1986 1996, 2006, 2016, 2026, 2036, 2046, 2056 2066, 2076, 2086, 2096, 2106, 2116, 2126
丁年	正西方	1927, 1937, 1947, 1957, 1967, 1977, 1987 1997, 2007, 2017, 2027, 2037, 2047, 2057 2067, 2077, 2087, 2097, 2107, 2117, 2127
戊年	西南方	1928, 1938, 1948, 1958, 1968, 1978, 1988 1998, 2008, 2018, 2028, 2038, 2048, 2058 2068, 2078, 2088, 2098, 2108, 2118, 2128
己年	正西方	1929, 1939, 1949, 1959, 1969, 1979, 1989 1999, 2009, 2019, 2029, 2039, 2049, 2059 2069, 2079, 2089, 2099, 2109, 2119, 2129
庚年	西北方	1930, 1940, 1950, 1960, 1970, 1980, 1990 2000, 2010, 2020, 2030, 2040, 2050, 2060 2070, 2080, 2090, 2400, 2110, 2120, 2130
辛年	正北方	1931, 1941, 1951, 1961, 1971, 1981, 1991 2001, 2011, 2021, 2031, 2041, 2051, 2061 2071, 2081, 2091, 2401, 2111, 2121, 2131
壬年	東北方	1932, 1942, 1952, 1962, 1972, 1982, 1992 2002, 2012, 2022, 2032, 2042, 2052, 2062 2072, 2082, 2092, 2402, 2112, 2122, 2132
癸年	正東方	1933, 1943, 1953, 1963, 1973, 1983, 1993 2003, 2013, 2023, 2033, 2043, 2053, 2063 2073, 2083, 2093, 2403, 2113, 2123, 2133

十三、流年文昌位對照表

西元年	流年文昌	西元年	流年文昌	西元年	流年文昌
2008	東北方	2028	正北方	2048	正東方
2009	正南方	2029	西南方	2049	東南方
2010	正北方	2030	正東方	2050	中　宮
2011	西南方	2031	東南方	2051	西北方
2012	正東方	2032	中　宮	2052	正西方
2013	東南方	2033	西北方	2053	東北方
2014	中　宮	2034	正西方	2054	正南方
2015	西北方	2035	東北方	2055	正北方
2016	正西方	2036	正南方	2056	西南方
2017	東北方	2037	正北方	2057	正東方
2018	正南方	2038	西南方	2058	東南方
2019	正北方	2039	正東方	2059	中　宮
2020	西南方	2040	東南方	2060	西北方
2021	正東方	2041	中　宮	2061	正西方
2022	東南方	2042	西北方	2062	東北方
2023	中　宮	2043	正西方	2063	正南方
2024	西北方	2044	東北方	2064	正北方
2025	正西方	2045	正南方	2065	西南方
2026	東北方	2046	正北方	2066	正東方
2027	正南方	2047	西南方	2067	東南方

第五篇

床位與桃花位的規劃

一、床位的規劃

每個人每天幾乎有三分之一的時間都在睡覺，所以臥室可以說是一間房子裡人們停留時間最長的空間，臥室既然是休養生息的重要場所，因此一個人的身體健不健康、夫妻的感情合不合睦，跟臥室的設計都有絕對的關係。

一般家庭都會將臥室區分為主臥房、小孩房、長輩房等等，其實不論房間是給誰居住的，其設計重點都是相同的，只要將自己命卦的四個吉方位規劃成自己的房間，加上室內的空間擺設得宜，都能讓你睡得平安、睡得舒適。

若要進一步細分，每個人命卦中的四個吉方位各有不同特性，而這些特性也會對居住的人產生潛移默化的作用，因此大家在選擇要用哪個卦位來規劃成房間時，也可以依據自己的需求來決定。

(1)生氣方：

顧名思義，生氣方就是充滿生氣與活力的方位，生氣方最適合給活潑好動的年輕人當作房間，年輕人住了之後會變得積極樂觀、元氣十足，生氣方也適合給正在為工作事業努力打拼的青壯年人當房間使用，這會對他們的事業運、財運、官運等有很大的幫助，至於年紀較大的長輩就不太適合居住了，因為老人家比較需要的是安靜恬適的生活。

(2)延年方：

延年方的空間磁場最適合用來修身養性，居住在延年方的人，生活步調會比較規律，人生的一切狀態都可以在平穩的狀態下持續進行，老人家居住在此，可以延年益壽、常保身心健康，若規劃為主臥室，夫妻感情能夠更融洽，未婚的人居住則可以增進人際關係及姻緣桃花，所以延年方可以說是一個老少皆宜、最適合用來養精蓄銳的方位。

(3)天醫方：

天醫方是一個能夠補足人身上不足之氣場的及方位，不論是對身、心皆有效，身體較為虛弱或是久病不癒的人，住在天醫方能讓身體早日恢復健康，學家中有正在讀書的小孩，也可以藉由天醫方的能量來啟發智能，增強學習的效果；若是在人際關係上有所欠缺時，天醫方也能幫助你事業亨通，遇到困難時往往都會有貴人即時出現。

(4)伏位方：

伏位方算是四吉方當中最弱的一方，也因為如此，它代表著平順、平穩、安定、與世無爭，從另一個角度來看，伏位方反而是用來規劃成臥室的最佳空間，因為睡覺最需要的就是睡眠品質，只要睡得好，身體自然健康、精力充沛，睡覺的時候不會胡思亂想，可以舒舒服服一覺到天亮，如果你是一個不容易入睡、淺眠易驚醒的人，伏位方是你最佳選擇。

二、床向的選擇

臥室是休息的空間，床鋪則是睡覺的工具，因此房間裡最重要的的就是床位的擺設，床只要擺得好、擺得正確，能夠避免掉風水上的沖煞問題，就可以讓你身體健康、事事如意！

床鋪除了「床位」還有「床向」的問題，床位是在問「床要擺哪裡」，而床向則是問「床頭要向著哪裡」。關於床向的說法，古今各有不同，有的說床頭一定要向東，因為東方是太陽升起的地方，床頭向東睡覺人會比較有元氣；也有人用五行的觀點來分析，例如命卦巽卦之人五行屬木，所以床頭就要擺東南方來吸收木氣。

筆者認為，規定床頭只能向某一個單一方向的說法極為不妥，例如規定床頭只能向東或向南，若是您的房子正好是坐東南朝西北，那麼家裏的床豈不都要斜著擺？因此，最簡單的擺設方式，還是以命卦吉方位作為依歸，以房間為太極，劃分成八個方位，床尾只要向著自己的吉方位即可，就能輕鬆擺對好床！

三、年命坎卦之人的床向吉凶方位

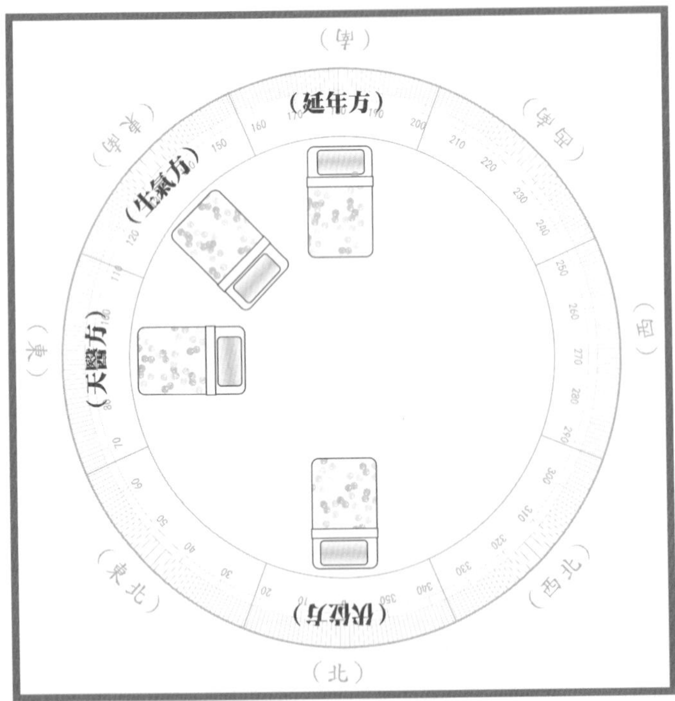

坎命之人的安床吉方位

◎生氣方：東南方
◎延年方：正南方
◎天醫方：正東方
◎伏位方：正北方

四、年命離卦之人的床向吉凶方位

離命之人的臥室床向吉方示意圖

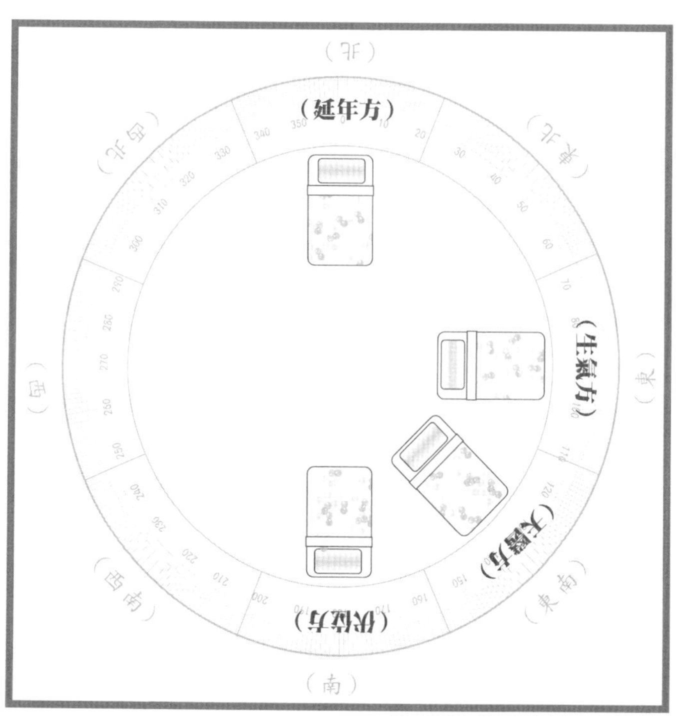

離命之人的安床吉方位

◎生氣方：正東方
◎延年方：正北方
◎天醫方：東南方
◎伏位方：正南方

五、年命震卦之人的床向吉凶方位

震命之人的臥室床向吉方示意圖

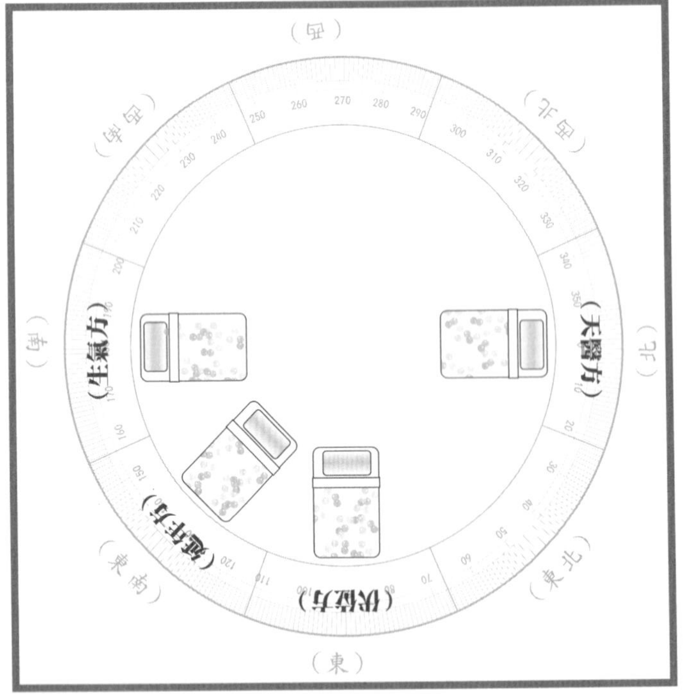

震命之人的安床吉方位

◎生氣方：正南方
◎延年方：東南方
◎天醫方：正北方
◎伏位方：正東方

六、年命巽卦之人的床向吉凶方位

巽命之人的臥室床向吉方示意圖

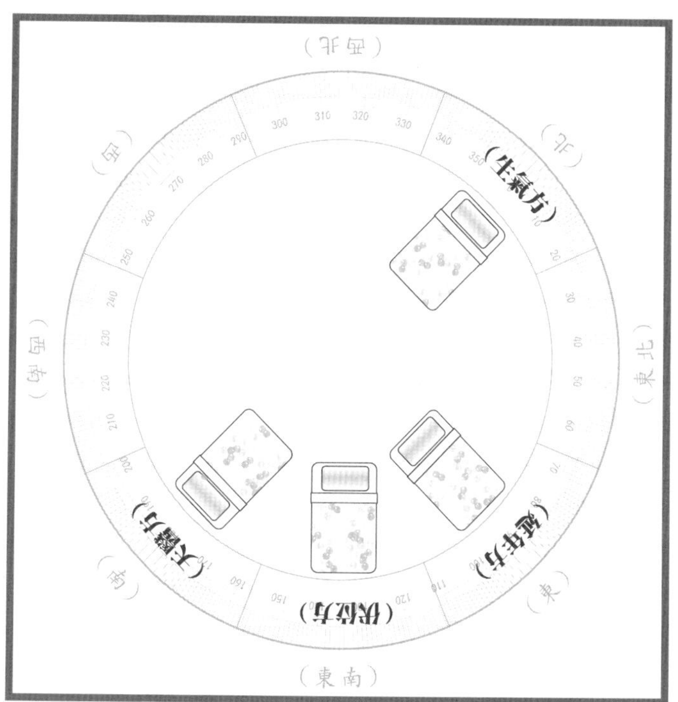

巽命之人的安床吉方位

◎生氣方：正北方
◎延年方：正東方
◎天醫方：正南方
◎伏位方：東南方

七、年命艮卦之人的床向吉凶方位

艮命之人的臥室床向吉方示意圖

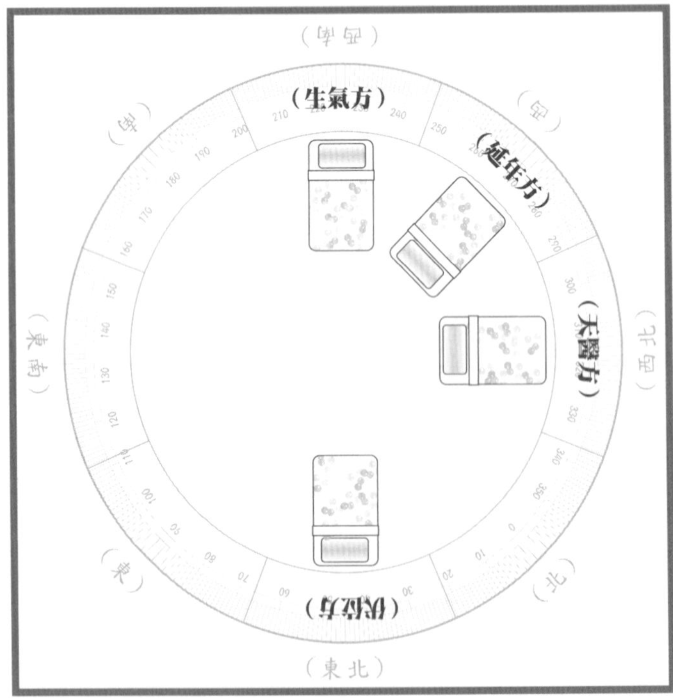

艮命之人的安床吉方位

◎生氣方：西南方
◎延年方：正西方
◎天醫方：西北方
◎伏位方：東北方

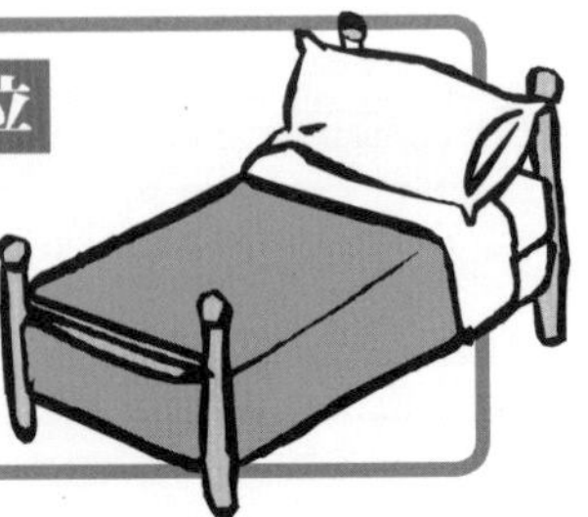

八、年命兌卦之人的床向吉凶方位

兌命之人的臥室床向吉方示意圖

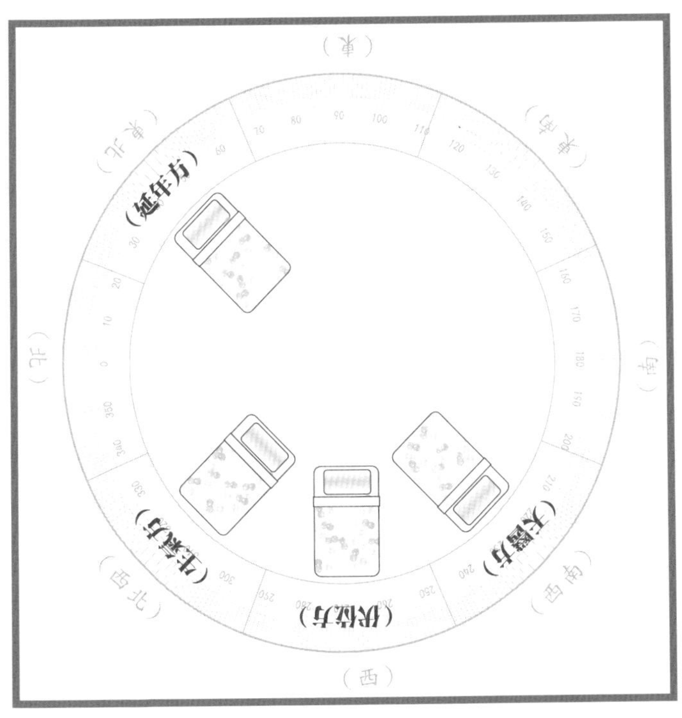

兌命之人的安床吉方位

◎生氣方：西北方
◎延年方：東北方
◎天醫方：西南方
◎伏位方：正西方

九、年命乾卦之人的床向吉凶方位

乾命之人的臥室床向吉方示意圖

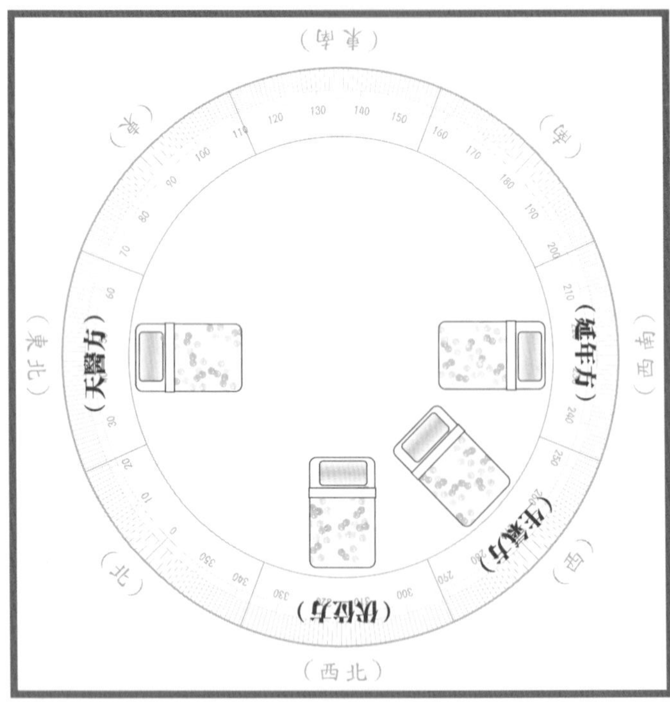

乾命之人的安床吉方位

◎生氣方：正西方
◎延年方：西南方
◎天醫方：東北方
◎伏位方：西北方

十、年命坤卦之人的床向吉凶方位

坤命之人的臥室床向吉方示意圖

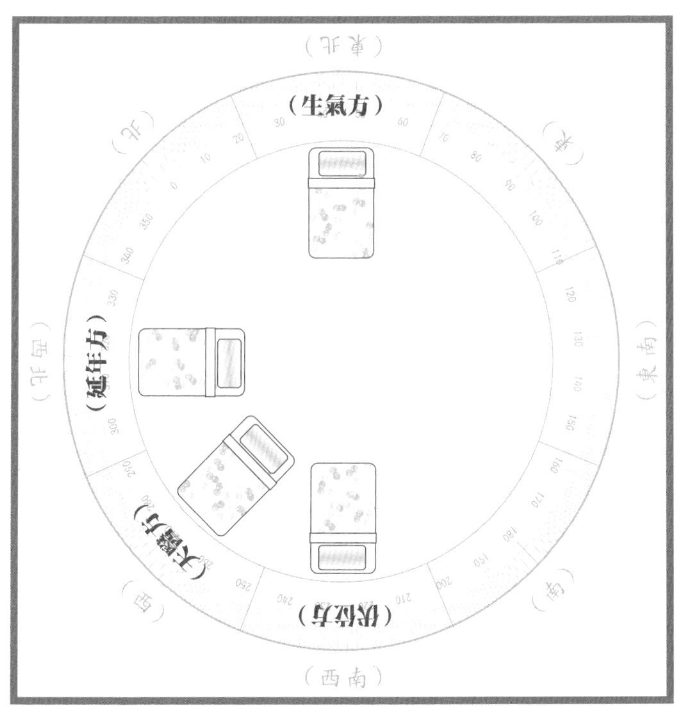

坤命之人的安床吉方位

◎生氣方：東北方
◎延年方：西北方
◎天醫方：正西方
◎伏位方：西南方

十一、臥室的桃花方位

在臥室裡，最重要的就是床位的擺設空間，不過對於未婚的男女、特別是已經到了適婚年齡還苦無姻緣的人而言，臥室中還有一個可以創造姻緣的絕佳空間，也就是大家常說的「桃花位」。

國內目前的單身男女人口，每年都以飛快的速度不斷增加，可能是現代人的生活及工作型態有了很大的改變，例如最近崛起的電子新貴，雖然年輕又多金，但是整天都待在封閉的環境中工作，也沒有什麼機會能認識異性，自然姻緣路就走的比別人坎坷，即使有了對象之後，往往會因為觀念差異、話不投機而無法更進一步。

有鑑於此，筆者建議有這方面困擾的朋友可以多管齊下，利用陽宅的桃花位來增強自己的感情運，再加上幾招催化異性緣的小撇步，相信可以為您招來好姻緣、好桃花，改變您的愛情運勢。

十二、坎命與離命的臥室桃花位

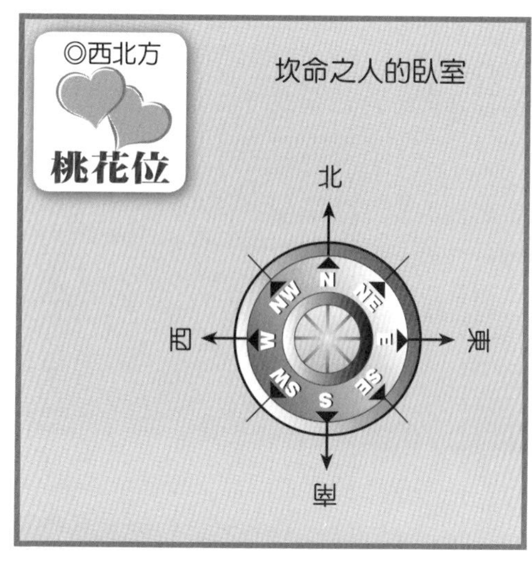

坎命之人的臥室桃花位示意圖

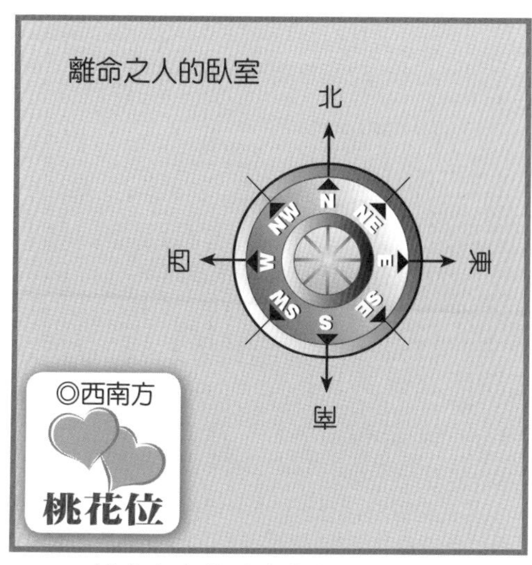

離命之人的臥室桃花位示意圖

十三、震命與巽命的臥室桃花位

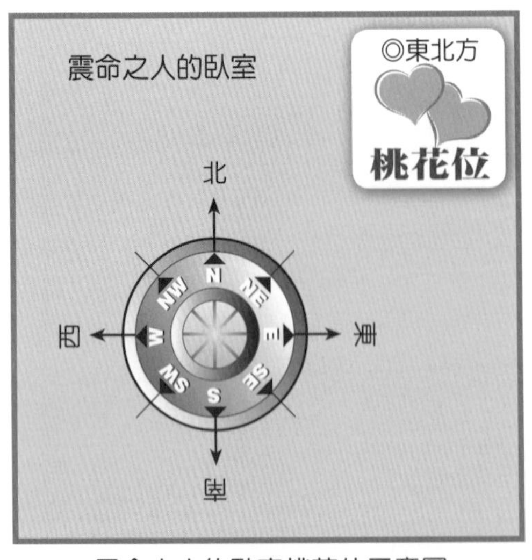

震命之人的臥室桃花位示意圖

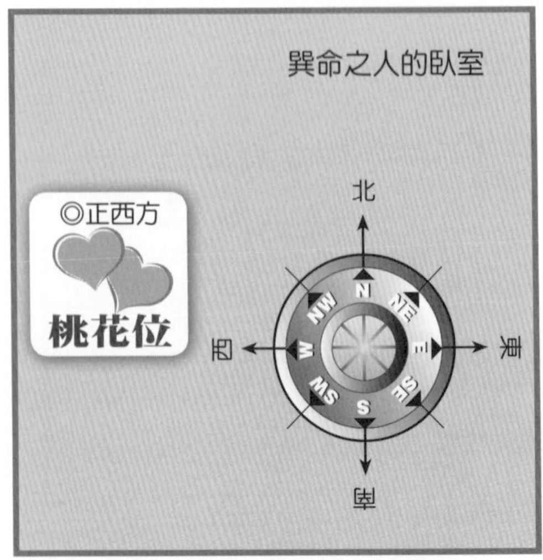

巽命之人的臥室桃花位示意圖

十四、艮命與兌命的臥室桃花位

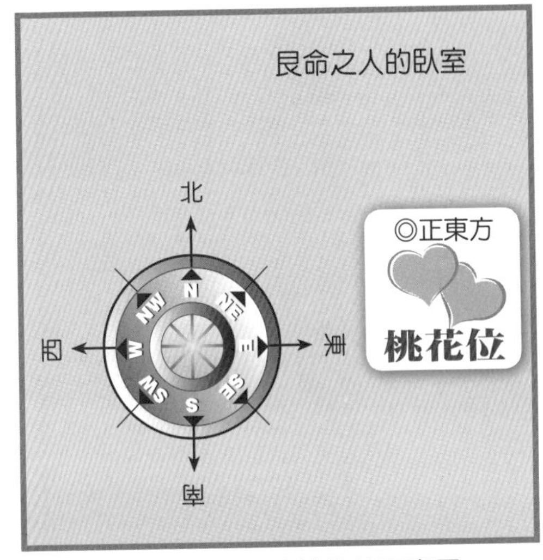

艮命之人的臥室桃花位示意圖

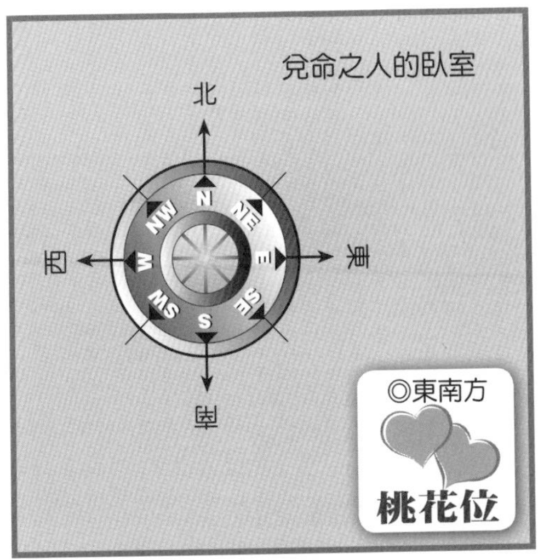

兌命之人的臥室桃花位示意圖

十五、乾命與坤命的臥室桃花位

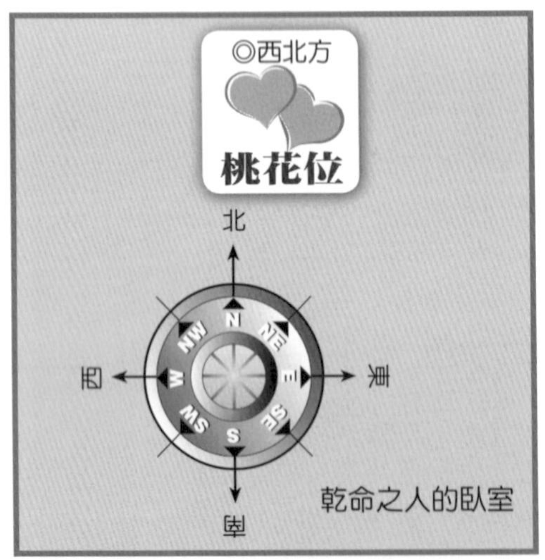

乾命之人的臥室桃花位示意圖

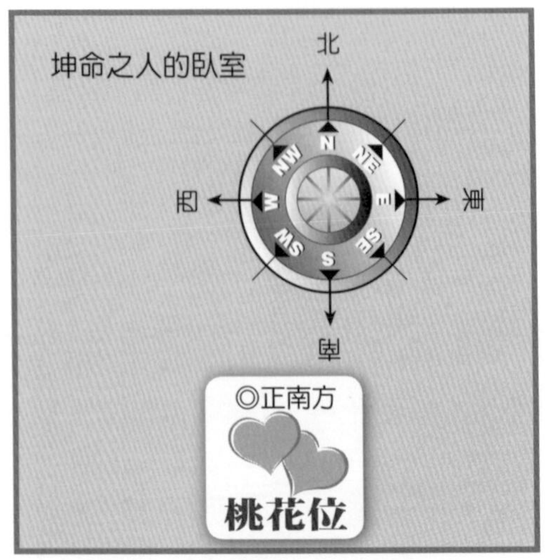

坤命之人的臥室桃花位示意圖

十六、女性如何善用臥室的桃花位

妳可以先用指南針找出妳臥室的命卦即桃花位，在這個方位擺上一個透明的花瓶（用透明玻璃杯也可以），然後插上一朵擁有愛情魔力的紅玫瑰或紫色玫瑰，記住要先將玫瑰的刺拔除，然後將水注至花朵下緣的位置，將可以大大地強化妳的愛情運勢唷！讓可愛的妳魅力四射，異性緣更好！

但是要記得，如果只插上玫瑰花，卻忘了加水，將會使對妳有好感的男性裹足不前而無人追求，所以，按照以上所說的去做，會有意想不到的效果。如果你常常覺得遇人不淑，雖然有桃花緣，但是遇到的都是爛桃花，運用此法同樣也可以為妳招來好桃花。

如果是還沒有特定對象者，可以插一大把玫瑰花，玫瑰花插太多雖然會招惹爛桃花，就是會交到各式各樣的異性朋友，但有總比沒有好，等鎖定某個對象之後就要改插單朵玫瑰花喔！

如果這個戀愛方位所在剛好是廁所怎麼辦？解決的方法是在廁所前懸掛門簾，可以化解煞氣，此外，也可以在廁所門前懸掛一個中空的銅管風鈴，並在其週邊安置明亮的燈光，強化雙方感覺。馬桶不使用的時間要闔上馬桶蓋，廁所也要隨時保持乾燥與通風，不讓臭氣廁所中滯留，才不致影響妳的桃花運，廁所中種幾盆綠色也能幫助吸收穢氣（如黃金葛）。至於準備好的玫瑰與花瓶則可以擺在床頭右側的床位桃花位上。

另外，也可以在你的臥房中擺上紫色系的物品或裝飾，如布娃娃、窗簾、床罩、枕頭等等，不僅可促進愛情能量的增加，還可讓妳的桃花更加活躍唷！

十七、男性如何善用臥室的桃花位

首先，可先用指南針找出你臥室的桃花方位，在這個方位擺上一個透明的花瓶（用透明玻璃杯也可以），再插上一朵擁有愛情力量的紅玫瑰或紫色玫瑰，記住要先將玫瑰的刺拔除，然後將水注滿至花朵下緣的位置，並且在花瓶底部隨意放置五粒代表愛情色系的透明的水晶(大小不拘)，可使您的女人緣更好，魅力凡人無法擋！但是如果只插上玫瑰花，卻忘了放水，將會前功盡棄、魅力大失，嚇跑你心儀的對象，所以，按照以上所說的去做，你將會發現身邊突然多出許多異性向你靠近喔！

如果是還沒有特定對象者，可以插一大把玫瑰花，玫瑰花插太多雖然會招惹爛桃花，就是會交到各式各樣的異性朋友，但有總比沒有好，等鎖定某個對象之後就要改插單朵玫瑰花喔！

如果這個戀愛方位所在剛好是廁所怎麼辦？解決的方法是在廁所前懸

掛門簾，可以化解煞氣，此外，也可以在廁所內放一盆綠色的小盆栽（但不能選用攀藤類的植物，否則情感的糾葛會更多），並在其週邊安置明亮的燈光，強化雙方感覺。馬桶不使用的時間闔上蓋子，廁所也要隨時保持乾燥與通風，不讓臭氣廁所中滯留，才不致影響你的桃花運。至於準備好的玫瑰與花瓶則可以擺在床頭左側的床位桃花位上。

另外，也可以在你的臥房中擺上紫色系的物品或裝飾，如窗簾、床罩、海報等等，可促進愛情能量的增加，讓你的桃花更加活躍！

十八、增強異性桃花的臥室擺設

雖然姻緣天註定，但只要運用適當的方法，也可以讓您覓得美好良緣。如果您想要讓子女或是自己趕快有所婚嫁，可以將床位移至東南卦位，這個方位會使居住者的個性變得非常好，這是利用現有的地形、地物、方位來加強個人桃花氣運的方法。

其次，若因為女孩的陽剛氣過重而失去應有的女人味，或者是對異性的慾望減低，事業慾望過高而耽誤了自己的桃花，建議將臥室的色系作很好的修飾，最好是以粉紅色系來作為配色的主色調，可以帶來很好的桃花。

床頭右角或左角，可以擺設圓形的金魚缸或是高腳杯、玻璃杯，裡面放一點水，並請隨時在裡頭放些玫瑰花或是鮮紅色的花朵，讓水裡一直飄散著花香，水飄花現之後代表有桃花氣息，異性緣加重，會有很好的桃花運，如果只是插花而沒有帶水，代表只是多了慾望卻沒有人真正來追求你，如果有水有花，願望就很容易達成。整體上，角落位置可以放些圓形造型的物品，裡面堆放些女性化妝品，就可以達到改變性情的目的，這就是求姻緣桃花的臥室擺設。

若是您已經結了婚，臥室桃花位依舊對你有幫助，你也可以在臥室的桃花方位擺放兩個人的甜蜜合照或婚紗照，一對鴛鴦或交頸天鵝的飾品，或是有心心相印、或雙手交握造型的東西，這樣有助於維持倆人世界的濃情蜜意，減少爭執吵架的機會。

另外，你也可以去買一雙紅色的繡花鞋，用紅線緊緊捆綁在一起，擺在臥室的桃花位，這叫做「白首偕老永不分離」的意思，這可是老祖先流傳下來增進情感的愛情秘方喔。

第六篇

廚房爐灶與神位的規劃

一、廚房與爐灶的規劃方法

除了前面說過的八宅財位以外，在中國傳統風水學裡，一棟陽宅能不能發富貴，廚房設置的好壞也佔了很大的因素，試想，如果廚房所煮出來的飯菜都能讓家人吃得健康，人就有充足的精力去打拼事業，財運、事業當然可以蒸蒸日上。

中國人以食為天，每日三餐也都離不開廚房，一般的家庭主婦每天更是花三之一的時間在廚房，因此廚房的重要性不言而喻。隨著現代人飲食習慣的改變，人們漸漸失去對廚房的重視，簡便的外食，讓許多家庭的廚房已經不再烹調飲食，只是吃飯的場所，不過這並不影響廚房在風水學上的重要性，我們還是要謹慎為上。

前面說到，在規劃廚房的時候，要將廚房的位置放在本命的四個凶方，因位爐灶的灶火具有「壓煞」的功能，所以只要將爐灶擺在本命的四

個凶方（即禍害方、六煞方、五鬼方、絕命方），就能藉灶火的來壓制凶方之氣場，但要注意的是，爐灶的「灶口」或「火口」，用現代的話來解釋，就是瓦斯爐有開關的那一面，必須朝向本命的四個吉方（即生氣方、延年方、天醫、伏位方），才能真正達到利用爐灶安置來催旺財運的作用，只能正確掌握其要領，相信離富貴人生不遠矣。

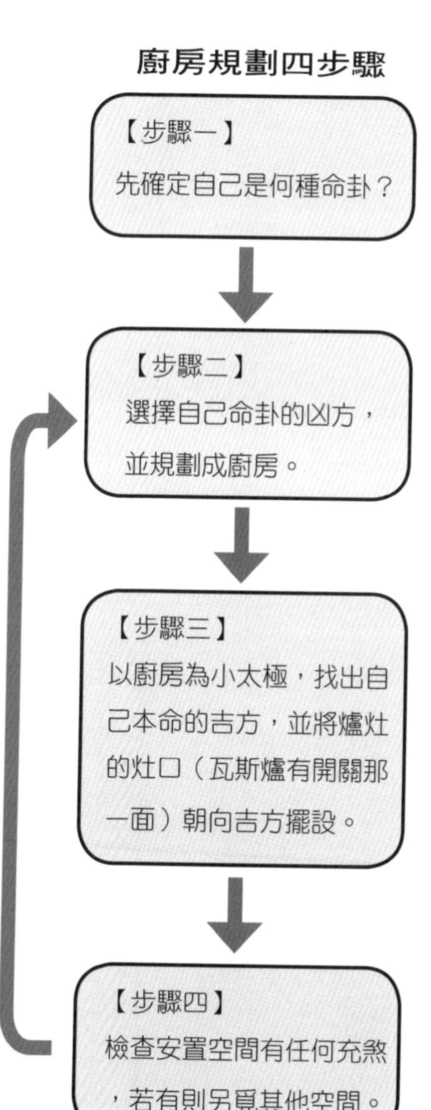

二、年命坎卦之人的廚房與爐灶規劃

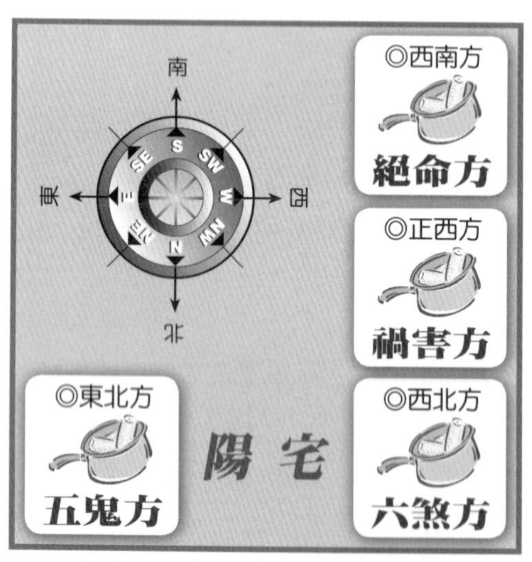

坎命之人的廚房規劃空間示意圖

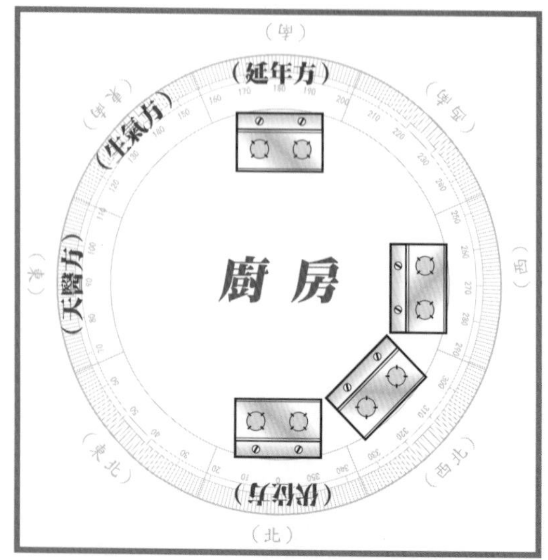

坎命之人的爐灶擺設吉方示意圖

三、年命離卦之人的廚房與爐灶規劃

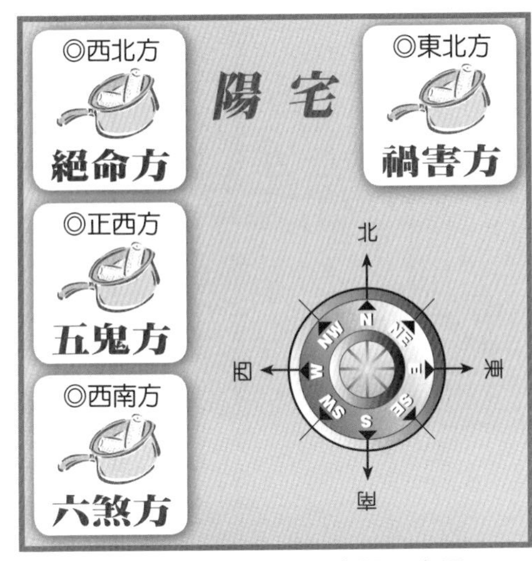

離命之人的廚房規劃空間示意圖

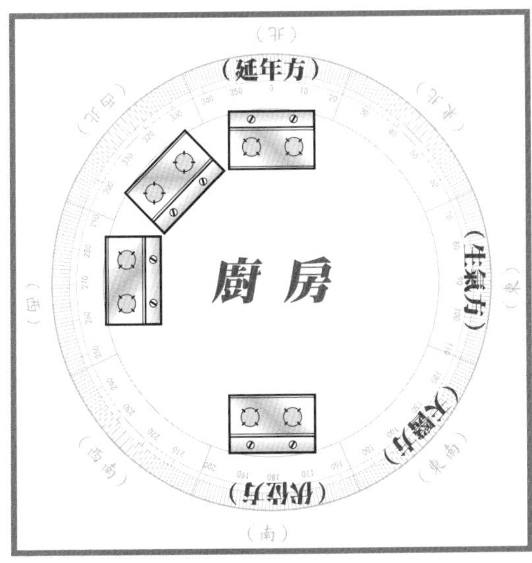

離命之人的爐灶擺設吉方示意圖

四、年命震卦之人的廚房與爐灶規劃

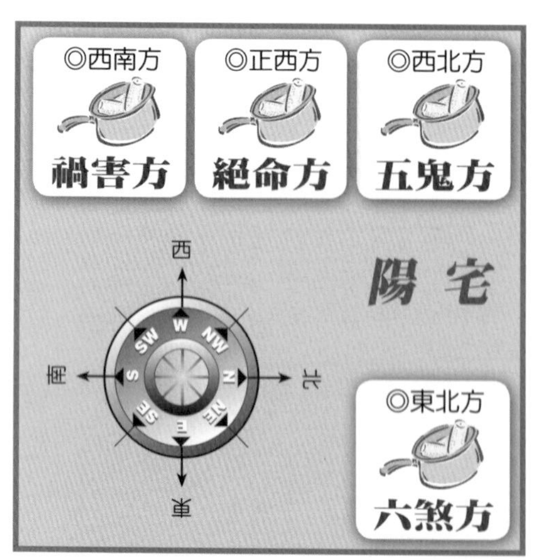

震命之人的廚房規劃空間示意圖

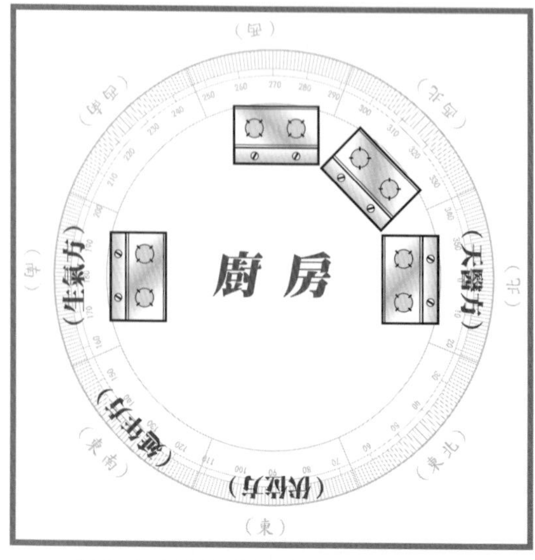

震命之人的爐灶擺設吉方示意圖

五、年命巽卦之人的廚房與爐灶規劃

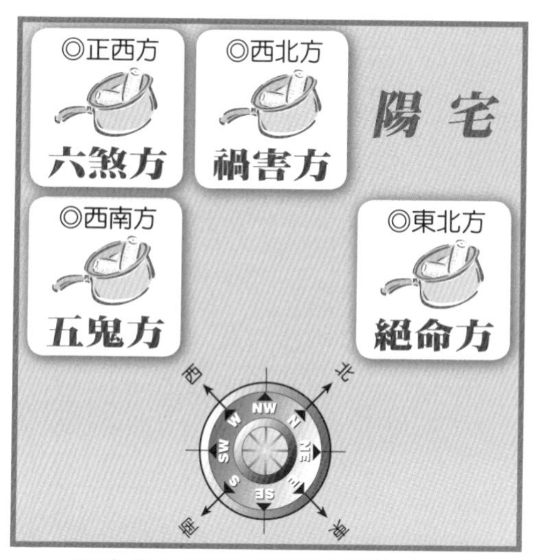

巽命之人的廚房規劃空間示意圖

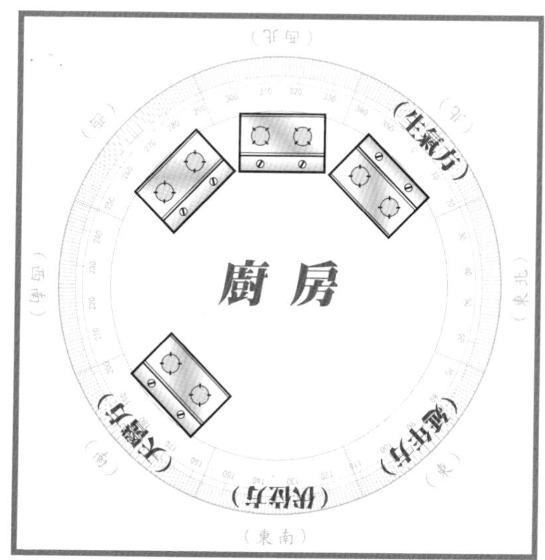

巽命之人的爐灶擺設吉方示意圖

六、年命艮卦之人的廚房與爐灶規劃

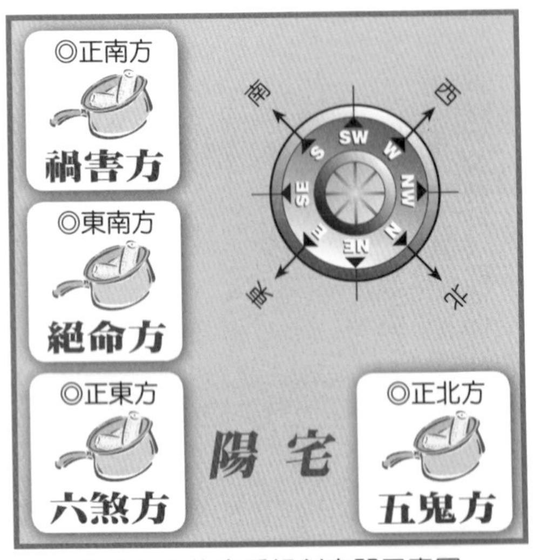

艮命之人的廚房規劃空間示意圖

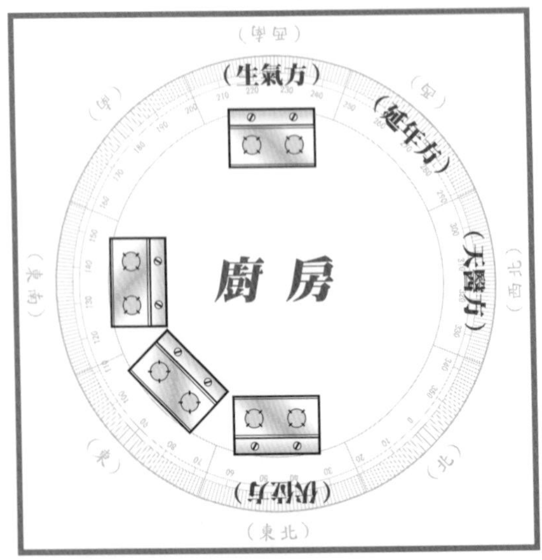

艮命之人的爐灶擺設吉方示意圖

七、年命兌卦之人的廚房與爐灶規劃

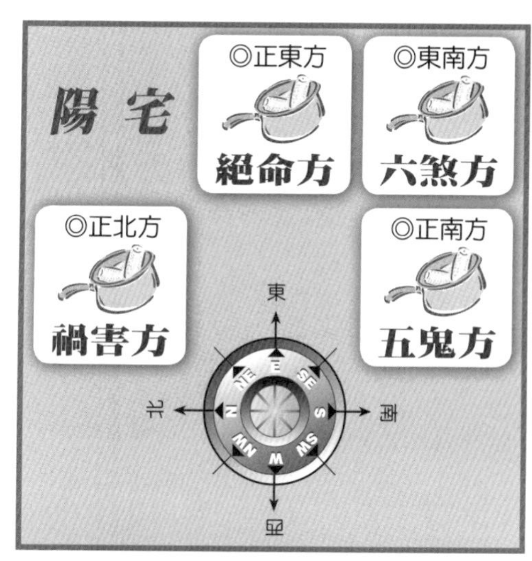

兌命之人的廚房規劃空間示意圖

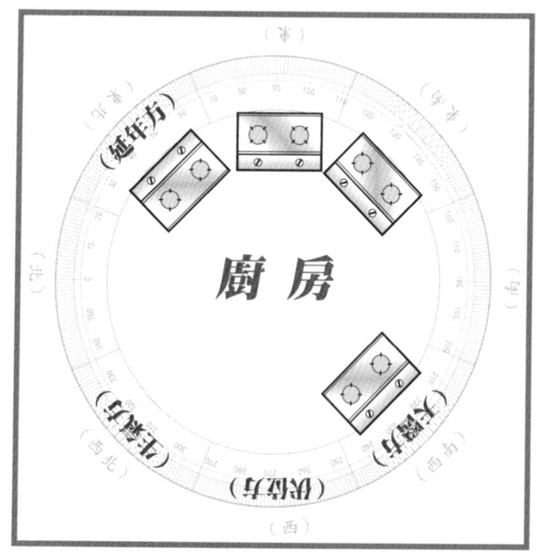

兌命之人的爐灶擺設吉方示意圖

八、年命乾卦之人的廚房與爐灶規劃

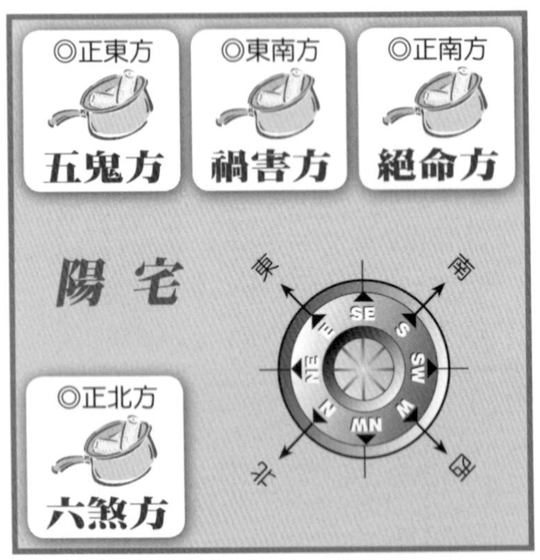

乾命之人的廚房規劃空間示意圖

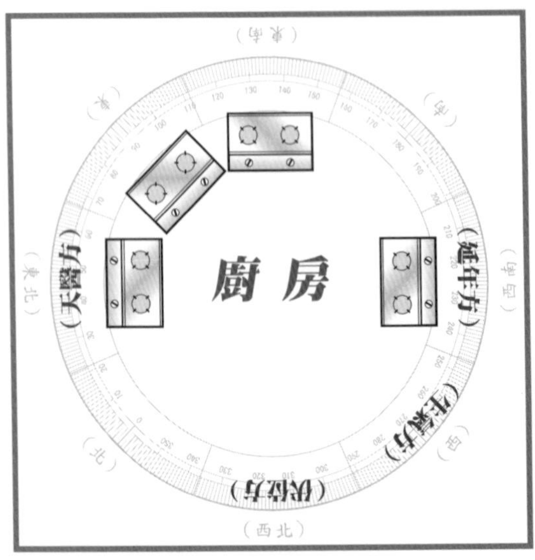

乾命之人的爐灶擺設吉方示意圖

九、年命坤卦之人的廚房與爐灶規劃

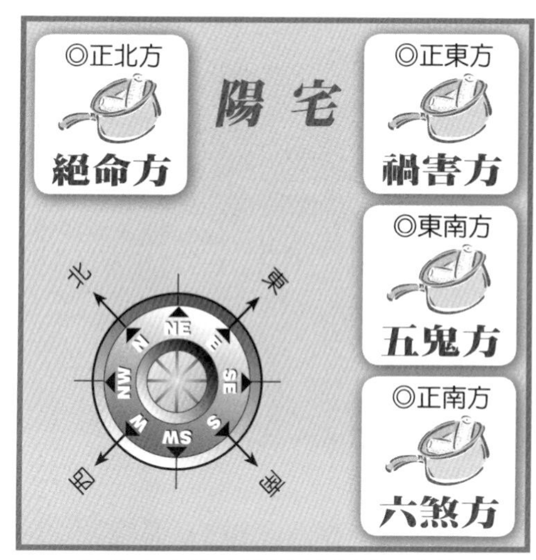

坤命之人的廚房規劃空間示意圖

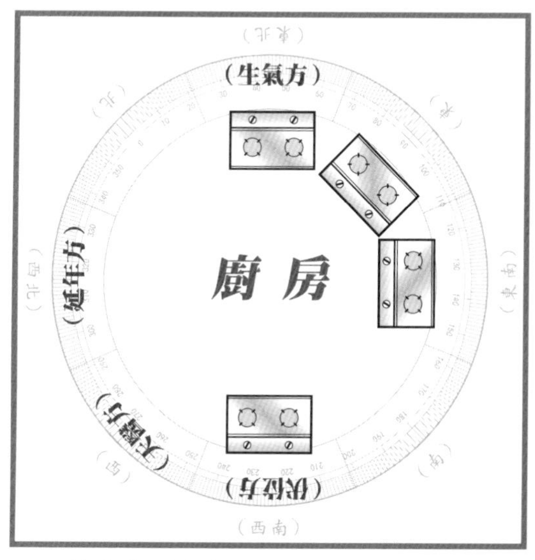

坤命之人的爐灶擺設吉方示意圖

十、神位之規劃

神位的安置在陽宅學中是一門大學問，雖然宗教和陽宅學是一點關係都沒有，但是神位的安置，只要在宅屋裡面，就會跟宅主有相對的影響。

神位的位置首重藏風聚氣，所以在選擇安置的位置時就必須以能藏風聚氣的空間為吉。但是公寓房子，要尋找一面牆來安置神位已經是很不容易的一件事，況且還要選擇宅卦的生氣方或旺氣來安座方吉，所以我們要安神位之前，必須要先做三件事：

第一、要先找出房子的生氣方和旺氣方。

第二、檢視房子裡的生氣方和旺氣方，是否能夠藏風聚氣?是否有任何沖煞?是否有任何不妥的規劃?然後選擇一個較理想的空間來安置。

第三、若所安置的位置並非在財位的空間時，神位不宜向內，應該向外安座。

十一、坎宅與離宅的神位規劃

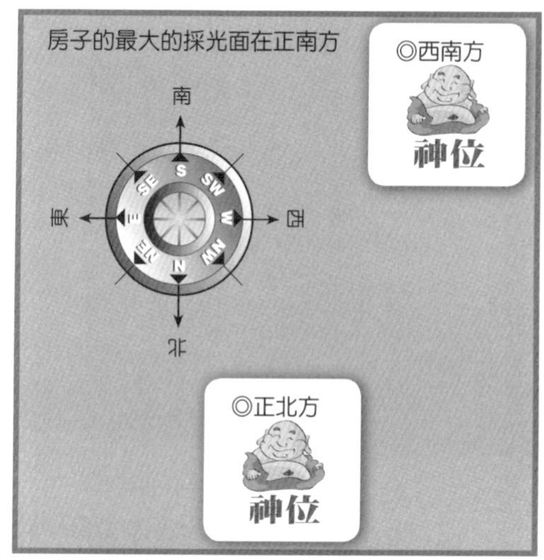

坎宅神位安座方位示意圖

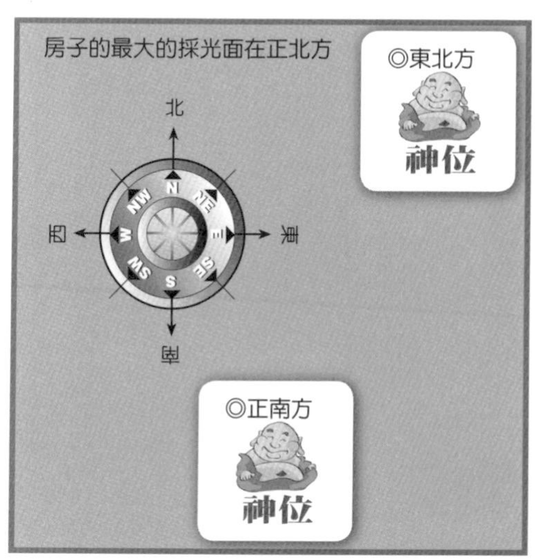

離宅神位安座方位示意圖

十二、震宅與兌宅的神位規劃

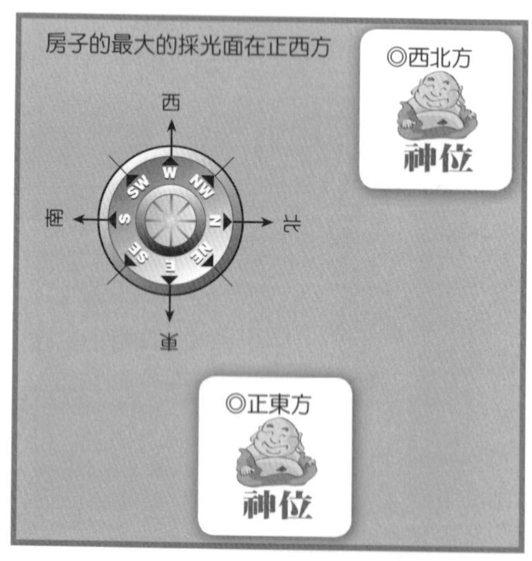

震宅神位安座方位示意圖

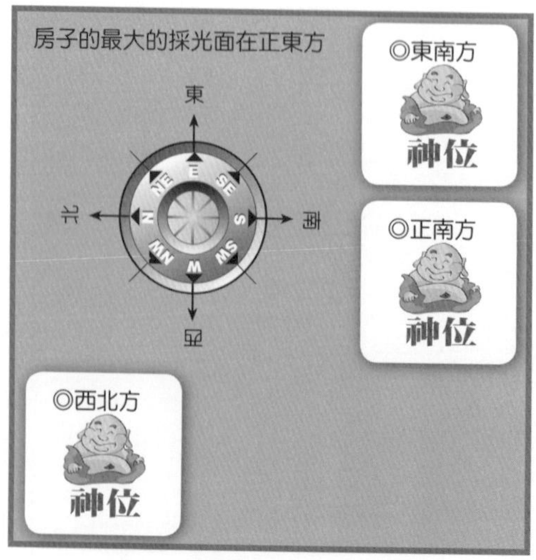

兌宅神位安座方位示意圖

十三、巽宅與艮宅的神位規劃

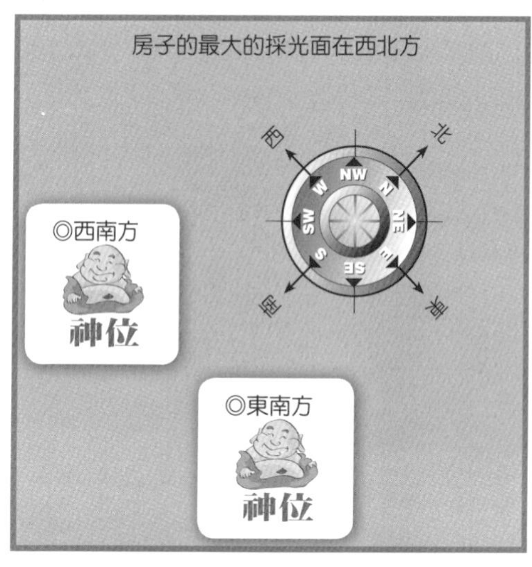

巽宅神位安座方位示意圖

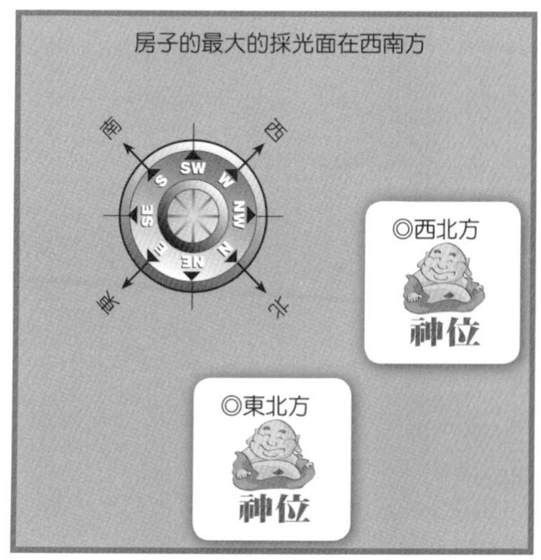

艮宅神位安座方位示意圖

十四、乾宅與坤宅的神位規劃

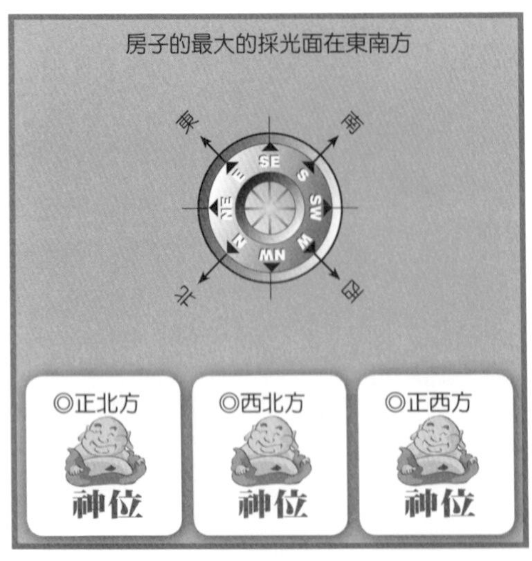

乾宅神位安座方位示意圖

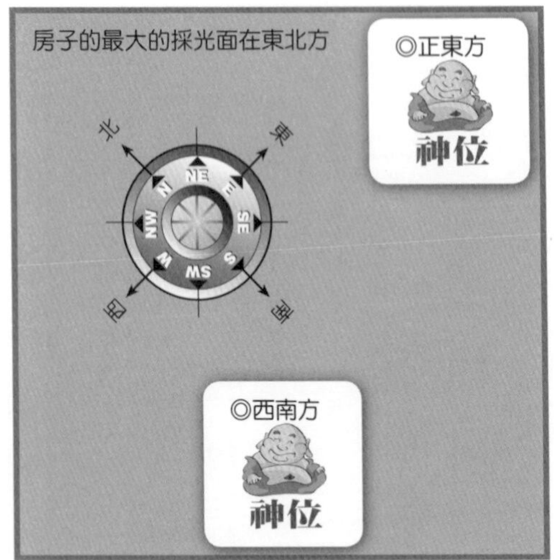

坤宅神位安座方位示意圖

第七篇

流年不宜動土方位

一、何謂不宜動土方位？

陽宅的吉凶禍福是氣流的對流原理所產生的相對關係，亦就是所謂的氣波吉凶對比。另外就是動土的震波關係，整個陽宅空間內部的震動與周圍環境的動土震動波率有直接的對應吉凶。我們隨時都需要去注意住家陽宅或公司陽宅的周圍動土方位，以及內部要裝潢動工之方位，因這些方位的震動關係，就是陽宅風水常言之的動土煞位。

週天之九星循環八宮之吉凶關係，亦是日、月、行星之天星磁場電波的關係，每一方位電波磁場點都具有五行之生剋原理。但磁波到五黃土之正煞位，其靜為五黃土，動為廉貞火，動靜之間則對陽宅風水有相當大的關係，這就是我們常聽到的「五黃關煞」，而陽宅八宅方位中之流年煞氣位置—五黃關煞方的動土震波，不論是室內的裝潢施工、拆牆改造，或是室外建築施工、地基開挖等等，的足以影響人的健康與財富。家中若有老年人，須防突來之身亡。年青人宜防意外血光、開刀。公司、工廠、營業場所則宜防大破財。被倒帳或生產過程之障礙或瑕疵，所以每年您都必須去注意住家、公司、工廠、營業場所的週圍，是否有人家在動土或改造，適時去作預防為吉。

陽宅每年的不宜動土方位尚有都天煞，其為折射煞氣，因為折射，故分佈有戊都天煞及己都天煞，中間又夾有一山之範圍，故為夾都天煞。這部份可參考筆者每年所出版之《風水聖經》，內有更完整詳盡之說明。

以下將每年的五黃關煞方圖列於後供大家參考。

二、流年五黃關煞方（一）

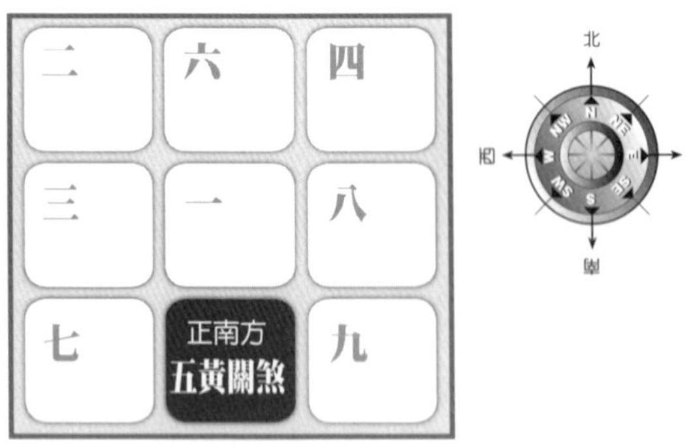

五黃關煞落在***離卦***的流年為：

2008、2017、2026、2035

以上這幾個年份中，在正南方卦位不論室內或戶外都不宜有動土的情形。

一	正北方 五黃關煞	三
二	九	七
六	四	八

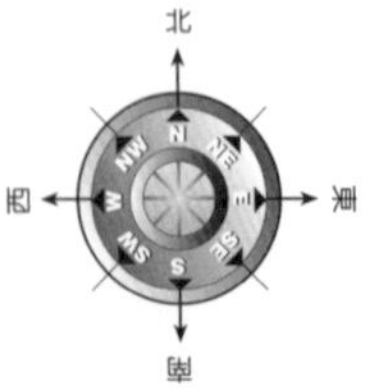

北、南、西、東

五黃關煞落在***坎卦***的流年為：

2009、2018、2027、2036

以上這幾個年份中，在正北方卦位不論室內或戶外都不宜有動土的情形。

三、流年五黃關煞方（二）

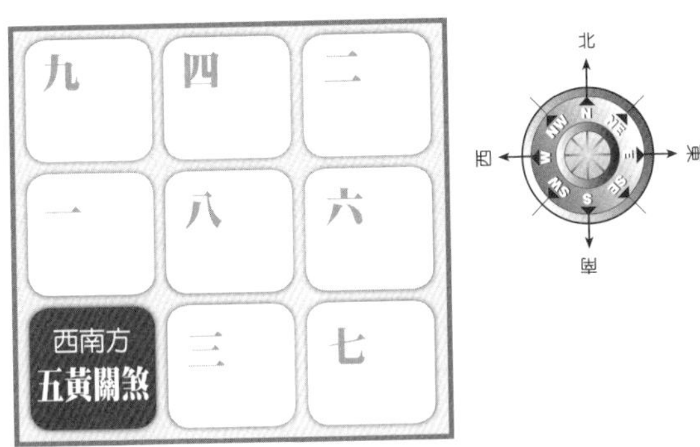

五黃關煞落在***坤卦***的流年為：

2010、2019、2028、2037

以上這幾個年份中，在西南方卦位不論室內或戶外都不宜有動土的情形。

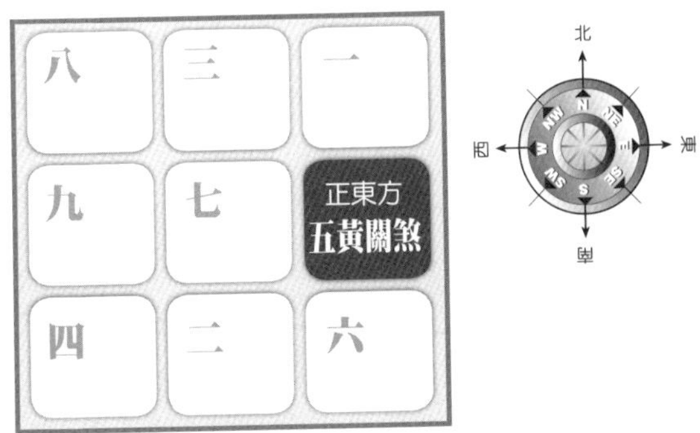

五黃關煞落在***震卦***的流年為：

2011、2020、2029、2038

以上這幾個年份中，在正東方卦位不論室內或戶外都不宜有動土的情形。

四、流年五黃關煞方（三）

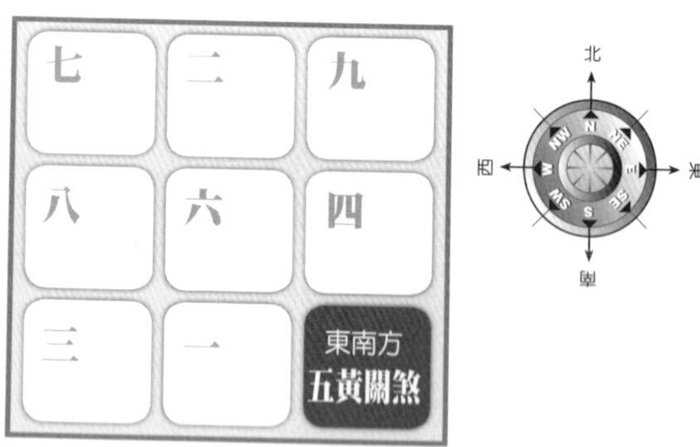

五黃關煞落在***巽卦***的流年為：

2012、2021、2030、2039

以上這幾個年份中，在東南方卦位不論室內或戶外都不宜有動土的情形。

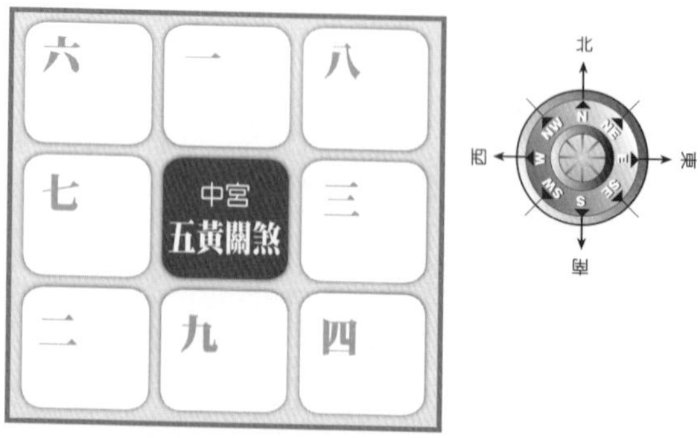

五黃關煞落在***中宮***的流年為：

2013、2022、2031、2040

以上這幾個年份中，在房子的正中央卦位不宜有動土的情形。

五、流年五黃關煞方（四）

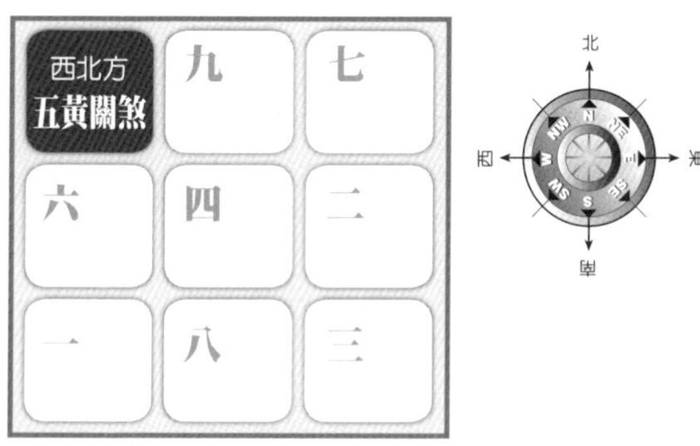

五黃關煞落在***乾卦***的流年為：

2014、2023、2032、2041

以上這幾個年份中，在西北方卦位不論室內或戶外都不宜有動土的情形。

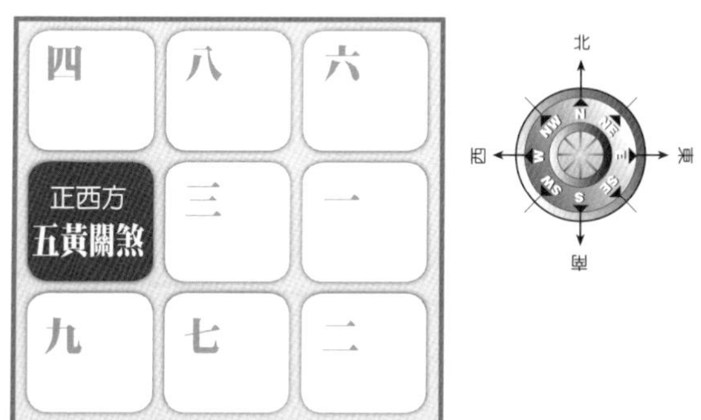

五黃關煞落在***兌卦***的流年為：

2015、2024、2033、2042

以上這幾個年份中，在正西方卦位不論室內或戶外都不宜有動土的情形。

六、流年五黃關煞方（五）

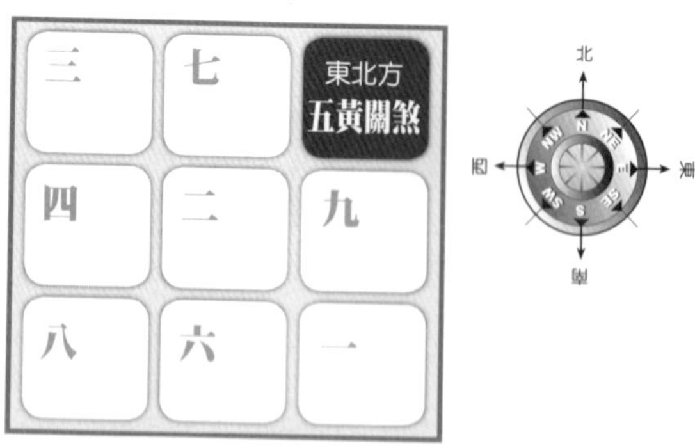

五黃關煞落在***艮卦***的流年為：

2016、2025、2034、2043

以上這幾個年份中，在東北方卦位不論室內或戶外都不宜有動土的情形。

大師最新力作
強勢登場!!

全新快易通系列—居家三部曲
解決您所有住宅風水的大小問題！

給想要了解自我　想要確實掌握命運者　一個絕佳的機會

陳冠宇　大師之友入會說明書

一.宗旨

陳冠宇大師秉持二十餘年中國風水地理堪輿的豐富智識，以及源自大自然的命理精華，致力於風水命理學術之科學化研究，巧妙地把莫測高深的中國命理哲學生活化，而且淺顯易學，為服務長期追隨大師的社會大眾，組織散落各地的信眾，合力為普羅大眾祈福加持，特成立『陳冠宇大師之友會』藉由與大師的互動了解您個人需求，為您做開運加持、趨吉避凶，讓你財源廣進、家庭和樂、事業順遂。

二.入會資格

凡年滿二十歲，希望陳冠宇大師成為您的命理指南燈塔者，填具入會申請書，附上二吋照片二張，並繳納會費後，即為本會會員。

三.會員福利

會員可優先參加『陳冠宇大師之友會』所舉辦的各項活動，並享有會員獨有的優惠與權利。

1.「新年開運演講會」
2. 會員可獲得「每年招財符籙」
3. 會員獨享「心理諮商座談會」
4. 定期舉辦「風水開運小秘方發表會」
5. 會員可優先參加「開運加持祈福會」
6. 定期舉辦「風水之看山看水」戶外活動
7. 優先享有新書預約及會員折扣
8. 各項開運產品及簽約商店之會員折扣

四.入會費

入會費 二仟元　　年費　一仟元

五.會員獨享

凡加入本會成為會員者，即可免費獲得由陳冠宇 大師親自加持之『祈福開運招財寶』（寶卡正面會員照片，係為個人加持祈福之用）。

聯絡地址：台北市忠孝東路四段166號四樓
聯絡電話：（02）27315757　　傳真電話：（02）27518338
聯 絡 人：王總經理　　e-mail：askmeall@ms68.hinet.net
郵政劃撥：17516725 戶名：陳德茂
（入會申請：請填寫入會申請表，附兩吋相片一張，郵寄回本會）

陳冠宇大師之友會　會員入會申請書

欄位	填寫	欄位	填寫
姓名		性別	
出生年月日		出生地	
身分證統一編號			
學歷		經歷	
現職			
戶籍地址		電話	
聯絡地址		電話	
行動			
審查結果		介紹人	
會員編號			

申請人：　　　　簽章

中華民國　　年　　月　　日

陳冠宇 敬邀

信用卡產品訂購單

24小時傳真訂購電話：(02) 2947-9409　客戶服務專線：(02) 2947-9208

訂購人基本資料

姓名：　□男　□女　訂購日期：　年　月　日

身分證號碼：　信用卡號：（請全部填寫）

信用卡簽名：　信用卡有效日期：西元　年　月

聯絡電話：日（　）　夜（　）　生日：　年　月　日

□□□　縣市　區鄉鎮　里村　鄰　路（街）　段　巷　弄　號　樓

授權碼：　商店代號：鴻運知識科技有限公司

送貨資料

收貨人姓名：　聯絡電話日（　）　夜（　）

收貨地址（與訂購地址相同免填）：

□□□　縣市　區鄉鎮　里村　鄰　路（街）　段　巷　弄　號　樓

產品代號	品　名	數量	單　價	總　價
郵資(未滿1000元者請自付郵資)			80元	
合計				

※注意事項

凡購滿1000元以上，免加郵資，未購滿1000元者，需自付郵資費用80元（請在訂購單之運費欄加列郵資費用）

國家圖書館出版品預行編目資料

居家開運快易通 / 陳冠宇著
初版．台北縣中和市：鴻運知識科技，[民96.12]
面；公分
ISBN 978-986-83260-9-5（平裝）
1.相宅

294.1　　96025849

居家開運快易通

作　　者｜陳冠宇
主　　編｜蕭朝元
美術設計｜蕭朝元
發 行 人｜于靜波
出 版 社｜鴻運知識科技有限公司
地　　址｜台北縣中和市自立路66號1樓
電　　話｜(〇二)二九四七九二〇八．八九四三一一九一
傳真電話｜(〇二)二九四七九四〇九
劃撥帳號｜一九七五五六四一號　戶名：鴻運知識科技有限公司
電子信箱｜hold.yung@msa.hinet.net
出版日期｜二〇〇八(民97)年三月十五日　初版
總 經 銷｜采舍國際　www.silkbook.com 新絲路網路書店
地　　址｜台北縣中和市中山路二段366巷10號3樓
電　　話｜(〇二)八二四五八七八六
傳真電話｜(〇二)八二四五八七一八
國際書碼｜ISBN 978-986-83260-9-5
定　　價｜新台幣貳佰伍拾元
全系列書系特約展示 — 橋大書局 台北市南陽街7號2樓
新絲路網路書店 — 台北縣中和市中山路二段366巷10號10樓

聚寶盆

特價18800元

限量典藏版

相信只要用過聚寶盆的人，都會被它神奇的催財效果深深吸引，沒錯！聚寶盆正是風水學中招財效果最強、也最靈驗的招財聖品！但是市面上的聚寶盆琳瑯滿目，不是粗製濫造、就是動輒數萬元，選錯了聚寶盆、或者沒有老師正確的指導，不但沒有聚財效果反遭破財！陳冠宇大師為體恤讀者，不惜花費鉅資委託陶藝名家製作最新、最強的聚寶盆典藏版，以回饋大家多年來的愛護。

聚寶盆限量典藏版全部由高溫瓷土燒製，大小完全符合魯班尺的財庫尺寸，並由名家手繪象徵福、祿、壽的各式吉祥圖案，再經陳冠宇大師開光加持，每一件都是精品中的精品！

註：聚寶盆限量供應，需事先訂製，如需等待，敬請見諒。

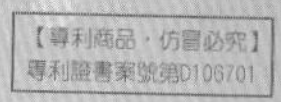

■規格尺寸：圓徑46公分×高16.5公分

■造型：聚寶盆盆口有九蝠相運，象徵福上九天；盆身有蝙蝠、金錢、壽桃，象徵五福臨門、高官厚祿、長命百歲，加上精緻的吉祥紋飾，除了催財效果超強，本身更是件完美的藝術品。

■特別贈送：水晶球、加持之獨門秘藏正財符籙、偏財符籙，讓聚寶盆更加靈感！

■使用方法：聚寶盆適用於居家、店面、辦公室，先找出財位所在，再配合主事者的八字，擇吉日安置。

三大滿意保證：

1. 限量保證：每個都有大師加持印及限量典藏編號。
2. 開光保證：燒製完成後經由大師親自開光。
3. 使用保證：提供完整售後服務，教你如何正確使用。

開運招財青花蟠龍瓶

(大)特價36800元　(中)特價18800元　(小)特價10800元

頂級極品

龍為中國四靈之首，自古便是祥瑞與尊貴的象徵。龍在風水上的運用也十分廣泛，從旺氣開運、制凶化煞、招財納福都有十分顯著的功效。

開運招財青花蟠龍瓶乃委託知名陶藝家親製，依吉祥尺寸全手工拉胚繪製，瓶頸以純金999陰陽彩繪，瓶身及瓶底再經陳冠宇大師用印加持，絕對是大家目光的焦點！開運招財青花蟠龍瓶不止是一件風水寶物，更是藝術的結晶，極具增值空間，市價動輒數十萬，堪稱極品中的極品！

註：開運招財青花蟠龍瓶為限量精品，需事先訂製，如需等待，敬請見諒。

開運招財青花蟠龍瓶的三大神效

招財納福：

以龍來招財，又以「青龍」效果最佳，財屬水、青龍屬木，取水生木便可輕易達到招財、聚財的效果。

氣轉乾坤：

陽宅若氣場不順，將開運招財青花蟠龍瓶置於店面、辦公室或居家玄關的入口，可以加速氣場的流動，將氣往宅內引導，讓室內空間充滿旺盛氣場。

生旺化煞：

龍為至剛至陽之聖物，以開運招財青花蟠龍瓶當居家擺飾可讓家中昇起一片祥瑞之氣，另外對於宅內外的陰煞之氣也具有極佳的鎮煞效果。

使用禁忌：

由於龍過於威猛，不宜置於房間內或正對房間；宅主生肖屬狗者亦不宜使用。

■開運招財青花蟠龍瓶（大）

規格尺寸：瓶高65公分×圓周120公分

■開運招財青花蟠龍瓶（中）

規格尺寸：瓶高40公分×圓周84公分

■開運招財青花蟠龍瓶（小）

規格尺寸：瓶高25.5公分×圓周61公分

■特別附贈：

以上產品皆附贈精緻典藏盒、招財符、高級紅木底座

開運圓滿如意轉氣瓶

■規格尺寸：瓶身圓徑30公分×高26公分×瓶口內徑8公分

特價13800元

所謂「山管人丁水管財」，「水」是能夠匯聚氣場的有形環境因素，風水學中一直秉持著這個原理為人招財聚氣，而「開運圓滿如意轉氣瓶」便是依此原理所產生的風水聖品。「開運圓滿如意轉氣瓶」由日本進口的高溫瓷土燒製而成，轉氣瓶有「金口」與「九蝠」，象徵「九福臨瓶、招金納銀」；上段是八吉祥圖，代表「八大吉祥、平安如意」；下段有象徵福氣的「蝙蝠」、象徵財富的「古錢」、以及象徵長壽富貴的「壽桃」，三者集於一瓶，表示「福祿壽三星齊聚」，再經由風水大師陳冠宇親自開光加持，效果更強！開運圓滿如意轉氣瓶無疑的是風水用品中的頂級的聖品。

開運圓滿如意轉氣瓶用途說明

聚氣招財：
置於陽宅中的財位，可產生聚氣、旺氣、招財致富的效果。

夫妻圓滿：
內放金錢劍一把，擺設在臥房之內，可以斬斷任何桃花糾葛、使夫妻感情更加恩愛、圓滿如意。

氣轉乾坤：
陽宅若氣場不順，可將開運圓滿如意轉氣瓶放置在店面、辦公室、或居家的玄關入口，可加速氣場的流動，亦可將氣往內引導，讓陽宅匯聚旺氣。

（瓶內放金錢劍可斬桃花糾葛）

招財納寶、氣轉乾坤、吉祥入門

八吉祥如意寶甕

特價18800元

寶甕是集所有祥瑞於一身的開運聖品，甕口用大片純金陰陽彩繪，能招財納寶、氣派非凡，甕身除了繪有蓮花能連發富貴、五帝錢能旺五路財源、蝙蝠能納福迎祥，最重要的是八吉祥圖騰，法螺象徵聲名遠播，法輪象徵精進不停歇，寶傘代表遮蔽魔障，白蓋象徵降伏煩惱，蓮花象徵清淨離苦，寶瓶象徵聚寶無漏，金魚象徵無拘無束，盤長代表人緣廣結，讓你一次滿足人生的八大願望！。

寶甕一物三用，可置於財位當成聚財甕，可擺在玄關當轉氣瓶，放置在任何角落更是一件賞心悅目的藝術精品，當陽宅氣場經寶甕轉氣入宅，便可將財運和八大吉祥通通帶進家門！

■規格尺寸：瓶身圓徑33公分×瓶高31公分

■特別附贈招財套組：五色開運水晶、五帝錢、五路財神招財符、開運紅包袋，置於甕中可增強寶甕招財能量。

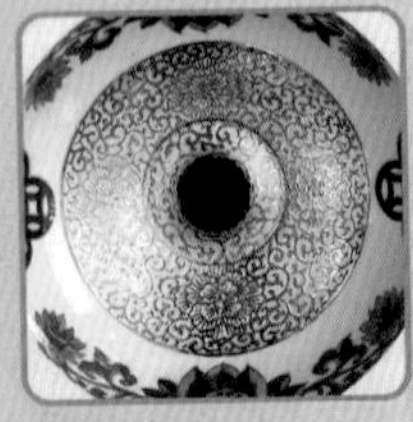

甕口大片純金陰陽彩繪更添尊貴

運勢逢低潮？工作不順遂？學業陷困境？讓節節高升助你一臂之力！

節節高升開運竹

特價3680元

竹子自古便是中國人最喜愛的開運植物之一，因為竹子具有多節且不斷向上增長的特性，象徵「節節高升」的吉祥意義。節節高升開運竹是以翠綠之冰裂釉燒製而成，脫俗典雅、氣派大方，不僅保有竹節造型，本身更是一件精美的藝術品；瓶身、平底再輔以八卦、平安符與陳冠宇大師用印加持，以達到最佳的開運效果。如果您的人生正處在低潮，運勢不開、事業毫無突破、學業工作停滯不前，節節高升開運竹可以助您開通運勢，創造人生新契機；此外當成居家擺飾，也能達到鎮宅保平安、開運造運的神奇效果，絕對是家家戶戶必備的開運聖品！

節節高升開運竹擺設與使用方法說明

可擺設在客廳、書房、玄關、辦公室、店面等明顯的地方，求事業財富者可在瓶中插九支萬年青，求功名學業者可內置四隻文昌筆。

■規格尺寸：高40公分、瓶口圓徑9公分、瓶底圓徑13公分

■附高級紅木雕花底座 ■收藏錦盒

居家開運、美化裝飾兩相宜！

八卦開運瓶

特價2680元

■規格尺寸：瓶身24公分 、圓徑15公分

■附贈精美典藏錦盒 ■紅木底座

「梅瓶」是發明於宋代的一種特殊瓶式，歷經元、明兩代的不斷改良精進，已成為中國瓷器的代表形式之一。梅瓶的特色是瓶口小、肩豐胸闊、瓶身修長、曲線優美，宛如古典美人一般，因為瓶口小，只能插下一兩隻梅枝，故稱為梅瓶。

八卦開運瓶是以中國最著名的鈞窯梅瓶為藍本，再漆上朱紅色特殊釉料，經窯變之後，每隻梅瓶都會呈現出獨一無二的特殊紋路，瓶身有金色八卦加持，讓八卦開運梅瓶更具收藏價值，它不止是一件藝術精品，也是陽宅風水開運的寶物，擺設在陽宅的任何角落，皆可產生轉氣開運、鎮宅保平安之效，絕對值得擁有！

八卦開運瓶擺設與使用方法說明

要轉化陽宅氣場，可將八卦開運瓶置於玄關或陽宅入口處，八卦朝屋外，置於臥房內避免將八卦對到床；求因緣者可於瓶中插梅枝或玫瑰三枝；求財者可插銀柳或開運竹三枝。

BEST CHOICE

陳冠宇大師強力推薦！
創造五鬼偏財最佳風水寶物！

招財進寶甕

特價6800元

招財進寶甕是根據大師的五鬼招偏財秘法設計而成，瓶身廣闊能容四方財寶，瓶口內縮使財氣有進無出，加上純金彩繪能招金納銀，配合大師每年所發表的五鬼招偏財秘法使用，招財效果一極棒！股票族、樂透族的朋友千萬不要錯過！

■規格尺寸：高16.5公分、直徑16公分

■精緻典藏錦盒 ■七寶公分

註：純手工拉胚彩繪，限量訂製，如須等待敬請見諒。

招財如意盤（組）

特價1980元　　三合一精裝典藏版特價10800元

適合居家擺設的風水開運物往往無法同時兼顧美觀與功效，然而招財如意盤就是結合了開運畫的無相能量與磁器的精美質感所產生的風水極品，不論當作居家擺設、店面裝飾，都能幫您改變磁場，達到開運聚財的最佳效果。

■三合一精裝典藏版尺寸：如意盤×3、立體高級木框（高45.3公分×寬127公分）

■招財進寶如意盤尺寸：圓徑26公分、高級木質腳架

■和合二聖如意盤尺寸：圓徑26公分、高級木質腳架

■官上加官如意盤尺寸：圓徑26公分、高級木質腳架

招財進寶如意盤

官上加官如意盤

和合二聖如意盤

五行招財盤

特價2580元

年年銷售第一的招財寶物！

古錢經千萬人的使用，具有旺氣的效果。五帝錢是指五位當旺的皇朝所鑄的錢幣，以五帝錢招財，可達到借氣補氣，旺財興運的效果。五行招財盤是最簡易有效的招財用品之一，精緻美觀，聚財效果又佳，堪稱是迷你聚寶盆！

五行招財盤 使用方法說明

將五行招財盤安置在貴宅財位上，五枚五帝錢擺在招財盤的四個角落和正中間，四枚硬幣必須分別落在東南西北四個方位上，代表東南西北中五路進財的意思。招財盤配合流年五行使用，可創造出最佳的招財磁場！

集五種色系的招財盤（擺法順位如右圖）擺成開運五行梅花陣，可發揮出意想不到的強大磁場，徹底改善你的命運、扭轉乾坤。

五行梅花陣

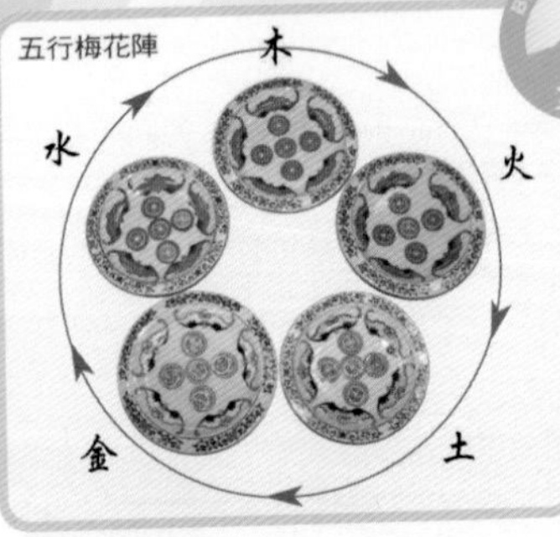

■五行招財盤尺寸：圓徑19公分

■精緻典藏盒 ■高級紅木底座 ■招財符 ■五帝錢×5枚

黃色（五行土）招財盤　藍色（五行水）招財盤　白色（五行金）招財盤　綠色（五行木）招財盤　紅色（五行火）招財盤

四季開運寶瓶

妙用無窮！陽宅開運造福最佳良伴！

特價1680元

「寶瓶」是藏傳佛教中用於改善環境以幫助修持者的特有法物，過去多用於王宮及寺廟，作為調整風水，改變氣場，祈福增吉祥之物，但製作過程繁複，一般人難以取得。

四季開運寶瓶是專為一般大眾設計，結合密宗理論與中國磁場能量原理，可搭配不同的內容物而產生各種奇異的神效！加上造型精緻、美觀不佔空間，如果您的環境不適合擺設大型開運物，四季開運寶瓶絕對是您最佳的開運選擇！

「四季開運寶瓶」的六種基本運用

1. 招財寶瓶：招財納福、四季發財
2. 旺福寶瓶：增強磁場、強化運勢
3. 姻緣寶瓶：覓得良緣、招好桃花
4. 升官寶瓶：升官發財、事業順利
5. 求子寶瓶：生兒育女、求添子嗣
6. 福壽寶瓶：增福添壽、身體健康

■尺寸規格：高10公分×瓶寬9公分
■特別附贈：高級木座、高級收藏錦盒
■五路財神符（開光用）、正偏財符（加持用）
■四季開運寶瓶使說明

新開運招財貔貅王

特價9900元（大）、8800元（中）、3680元（小）

集旺財、守財、鎮宅、擋煞、避邪於一身的貔貅，神奇之功效廣受推崇。新開運招財貔貅王為貔貅飾品中之經典，以岫玉全手工精雕細琢，仿古的造型與質感堪稱精品中的精品，配合五帝錢與招財符一同使用效力更強！不論是居家、店面、辦公場所，既是精緻的藝術品亦是招財鎮宅的開運物，絕對值得您珍藏擁有！

新開運招財貔貅王的運用與擺設方法

用貔貅招財，可以將貔貅公母一對擺在陽宅的吉方位，如財位或旺位皆可，開店營商的店家可以將貔貅擺在收銀台或收銀機上面，家中有金庫或保險箱的朋友也可以在裡面擺一對貔貅，它能幫你緊緊的看守住收進來的錢財，日積月累自然能因錢財累積而致富。鎮宅用的貔貅擺設時只要將貔貅朝外或朝向煞方即可，若是招財用的貔貅，特別是擺在收銀台上貔貅，白天的時候要將貔貅的頭朝外，表示命貔貅出外咬錢，晚上則要將貔貅的頭轉向屋內，表示咬錢入財庫，雖然麻煩一點，但是多動動手，財運就會旺旺來。

■規格尺寸：（大）高15公分×長20公分
（中）高14公分×長19公分
（小）高10公分×長16公分
■五帝錢×2
■大師秘藏正財符、偏財符
■精緻典藏錦盒

開運避煞水晶球

陽宅避煞簡單有效的風水法寶！

特價900元

■尺寸規格：40mm ＋ 特殊切割面

現代都市建築在設計的時候缺乏整規劃，經常會出現沖煞的情形，最常見的沖煞如：壁刀煞、簷頭煞、廟宇龍尾煞、以及正對家門的柱子、電線桿、行道樹等等，當陽宅外部出現沖煞的時候，就會讓居住者產生許多無名的災禍，例如破財、病痛、血光、犯小人等等，十分不平安，這時候就可以用水晶球來幫您擋災。開運避煞水晶球經過精心設計，具有特殊的切割面，當外部有任何沖射光體進入陽宅的時候，開運避煞水晶球能將從任何角度來的沖射完全反折，化解掉外來的煞氣，常保居家平安、事事如意。

開運避煞水晶球使用方法：

將開運避煞水晶球懸掛於陽台、窗台或大門前，以紅絲線吊掛，高度以超過身高十五公分以上為佳，若沖煞嚴重，建議懸掛三個水晶球排成三角形以增加反射能量。若陽宅無處懸掛，亦可用底座置放在窗台或桌台上，但最好以能對到沖射物體為佳。

麒麟送子圖

特價1980元

您有不孕或生育上困擾嗎？俗話說：「天上有麟兒，人間狀元郎」，麒麟送子圖是以童子乘麒麟由天而降，頸上戴著長命鎖，一手持蓮花、一手持如意，用來祈求連生貴子，自推出以來，已造福無數求子無門的有緣人，若能再配合夫妻之貴人日懸掛，應驗度其高無比。

■規格：41×60.8公分

三星高照圖

特價1980元

所謂三星是指福、祿、壽三星，此圖流傳百年一直受人喜愛，因為畫中有象徵長壽的南極仙翁、象徵福氣的蝙蝠及代表財祿的仙鹿，三者齊聚，適合當成居家開運擺飾，更適合獻給長者當賀禮，為他添福添壽添財運。

■規格：41×60.8公分

四季發財圖

特價1980元

此圖以四季花卉來代表一年春夏秋冬，都能花開富貴，圖中的金銀財寶象徵財源滾滾、四季進財的意思，若個人財運或事業運起伏不定、財祿總是時好時壞無法如心所願，此圖可以幫助你財運平順、四季興旺、日日進寶。

■規格：41×60.8公分

平安如意圖

特價1980元

此圖以四季花卉來代表一年春夏秋冬，都能花開富貴，寶瓶取其諧音「平」，代表平安，加上玉如意表示一年三百六十五天，都能日日平安、萬事如意。若有運勢不順、災禍不斷，或是疾厄、官訟纏身、小人五鬼暗害者，都能用此圖助您趨吉避凶、轉或為福、平安順遂。

■規格：41×60.8公分

狀元及第圖

特價1980元

■規格：26×39.3公分

■特別附贈：文昌筆四支（以硃砂開光）、天然水晶球

此圖是以身穿官袍、手持如意的童子乘龍翱翔於天際的模樣為主體，童子身穿官袍象徵出任高官，再取魚躍龍門而化為龍的衍伸意義，故稱為狀元及第。

圖上另懸掛四支文昌筆，以祈求四巽文昌梓潼帝君加持，再以水晶球凝聚智慧能量，可讓家中唸書的子弟心思敏捷、思緒清明，將狀元及第圖懸掛於陽宅的文昌位上，能讓小孩的學習事半功倍、考場上無往不利。

代表三元及第、狀元及第、祈求四巽文昌梓潼帝君加持、五路開智慧。狀元及第圖可以幫助所有考生加強自信之潛能，讓你考運亨通！

招財進寶圖

特價1980元

這幅招財進寶圖相信不用多做介紹，自推出以來廣大讀者的熱烈迴響，因為招財效果太過靈驗，讓這幅吉祥畫頓時成為最熱門的招財開運寶物。畫中最上面是大師獨門祕藏的招財符籙，中間是聚寶盆，下面則是代表連發財富的蓮花，三樣寶物齊聚，先是用靈符招財，再用聚寶盆來凝聚財富，最後再用蓮花來催旺所聚來的財富，想不發都難！

■規格：41×60.8公分

和合二聖圖

特價1980元

近年來和合二聖圖已成為幫助感情和合的最佳聖品，事實上，早在數百年前人們就已廣為使用，功效由此可見！以夫妻貴人日將此圖懸掛於房中，便可讓夫妻感情更加恩愛、夫唱婦隨、白頭偕老、永浴愛河，若是感情出現問題或碰到外遇爛桃花，亦可用此圖來化解，靈驗度極高！

■規格：41×60.8公分

官上加官圖

特價1980元

在競爭激烈的環境中，您有原地踏步、停滯不前的情形嗎？工作遇瓶頸、胸懷大志卻有志難伸，用官上加官圖可以讓您在職場上平步青雲、官運亨通，事業如旭日東昇、一鳴驚人，任何工作上的障礙都能一掃而空，讓您受貴人提拔，並且一展所長。

■規格：41×60.8公分

八吉祥圖

特價1980元

赫赫有名的八吉祥圖，是以八種象徵祥瑞的佛事法物所組成，包括法螺、寶傘、法輪、白蓋、寶瓶、金魚、蓮花、盤長等，具有強烈的無相開運能量，可以常保居家平安、家運興隆、事事順利，學佛者掛之亦有助開悟見性、透徹佛法。

■規格：41×60.8公分

官居一品圖

特價1980元

官居一品圖是以蟈蟈兒和菊花所組成，蟈蟈兒的發音與「官兒」相近，乃是祈求升官發財之意，太陽代表事業如旭日東昇、前途光明，最適合當成居家或辦公室裝飾，它能讓你在工作或事業上無往不利、步步高升、位居一品，它絕對是幫您升官發財的最佳利器。

■規格：41×60.8公分

連錢圖

特價1980元

錢是財富最直接的象徵，九枚古錢相連貫串，代表財運亨通、長久不竭，蓮花代表連發財富、繁榮興旺，連錢圖是用來求財最佳的吉祥畫之一，特別是開店做生意的朋友，掛連錢圖能夠改善財務狀況，讓你的生意不斷，把錢財一個接著一個通通拉進來。

■規格：41×60.8公分

走到哪裡就開運到哪裡！

新品

買全套可隨意替換，立即給你想要的好運！

開運金卡

每張特價299元　　全套九張回饋價2380元　　■規格尺寸：長8公分×寬5公分

大家都知道吉祥畫的妙用，但唯一遺憾的是只能掛在屋內使用，要是吉祥畫也能隨身帶著走那該有多好！貴氣的金光、以最強的開運吉祥畫為藍本，再加上陳冠宇大師加持的獨門開運符，就是您最新、最強的隨身開運法寶，男女老少皆適用，開運效果一級棒！

五福開運金卡　納財迎福、趨吉避凶、官運亨通、福壽綿長、五福臨門

招財進寶金卡　招正財、招偏財、旺財運、聚財氣，讓您財運亨通

和合二聖金卡　調和陰陽、使夫妻圓滿、堅定情感、永結同心

官上加官金卡　增強運勢、求官求職勢如破竹、事業步步高升

麒麟送子金卡　求子求女、任何生育上的問題，一次讓您獲得解決

連錢金卡　正財偏財通通來，把金銀財寶一個一個拉進口袋

八吉祥金卡　趨吉避凶、開運保平安、可除小人、避太歲沖煞

狀元及第金卡　明心見性開智慧、增強文昌運，考試謀職無往不利

四季發財金卡　四季興旺、日日進財、天天有財來

黃金開運畫

特價2380元

純金箔製造更具貴氣，高級木框可立可掛，靈活擺設典雅大方。

強化開運能量、彰顯尊容氣派、招財納福、祥瑞萬千！

■規格尺寸：長26公分×寬21公分

■立掛兩用高級木框，可壁掛，也可立放於桌面。

黃金招財、開運畫迎福！

黃金開運畫讓您金賺錢！金福氣！

黃金招財進寶圖

黃金連錢圖

黃金官上加官圖

黃金八吉祥圖

黃金麒麟送子圖

黃金和合二聖圖

開運招財綠水晶 & 開運招財黃水晶

特價1380元

水晶的量能磁場在眾多寶石中是最強的，而綠水晶和黃水晶又是在所有水晶當中，旺財磁場最強的兩種水晶，開運招財黃水晶與開運招財綠水晶可說是開運水晶的兩大天王，綠水晶以招正財的磁場為最強，黃水晶招偏財的磁場則是眾水晶之冠，二者可依個人情況交替配戴，為自己創造最佳的財運，如果再配合適當的雕飾造型與加持，將會有不可思議的強烈功效！

適合配戴開運招財黃水晶的時機

黃水晶是所有水晶當中招財磁場最強的水晶，有很好的聚財能力，黃水晶象徵「財富」，主偏財，可凝聚財富、招偏財，較適合偏財運不佳、投機失利、洩財、求財無門、彩券屢試不中、或者從事投資理財的商場人士配戴。

適合配戴開運招財綠水晶的時機

想要招正財，可選擇象徵「財庫」的綠水晶，綠水晶的功能是招財、生正財，它可以幫助你凝聚事業光，創造事業財富，使你的財富更容易入庫，較適合一般上班族，或者是遭逢失業、降職、工作運、事業運不佳、正財不彰、貴人不明時配戴。

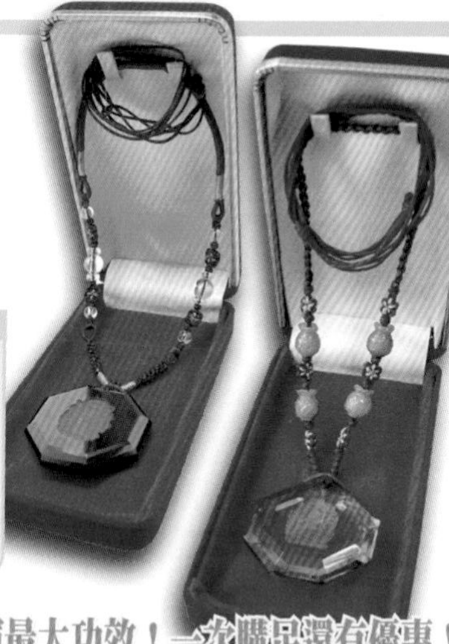

讚 非戴不可的七大理由

黃綠水晶搭配使用可發揮最大功效！一次購足還有優惠！

1. 採用上等黃晶、綠晶，精雕細琢而成，再經風水大師陳冠宇加持淨化，恭請守護神本尊加臨，只要戴上開運招財水晶，您便有如神明隨侍在側，藉由守護神強大的靈氣，以及水晶強烈的旺財磁場，讓您的人生光明無限。
2. 運用天地靈氣、陰陽磁場、以及每個人的生肖相生相剋的原理，來達到增強磁場、消災解厄的功效。
3. 太歲年最佳的護身寶物，不管正沖、偏沖，開運招財黃、綠水晶都能讓您逢凶化吉。
4. 孝敬長輩的最佳禮物，消災解厄、護身保平安，開運招財水晶讓您福壽綿綿。
5. 您平日最貼身的幸運符，佛光護體、增強磁場，讓您事事如意、歲歲平安。
6. 犒賞員工的最佳贈品，招財旺氣、紓解財困，讓您的事業蒸蒸日上。
7. 送給子女的傳家之寶，增長智慧、納福納祥，陪伴他一同成長！

黃綠水晶一次購足
特惠價只要2380元

千手觀音開運招財綠水晶 適合生肖屬鼠者配戴	虛空藏菩薩開運招財綠水晶 適合生肖屬牛、虎者配戴	文殊菩薩開運招財綠水晶 適合生肖屬兔者配戴	普賢菩薩開運招財綠水晶 適合生肖屬龍、蛇者配戴
大勢至菩薩開運招財綠水晶 適合生肖屬馬者配戴	大日如來開運招財綠水晶 適合生肖屬羊、猴者配戴	不動尊菩薩開運招財綠水晶 適合生肖屬雞者配戴	阿彌陀佛開運招財綠水晶 適合生肖屬狗、豬者配戴

大師加持淨化、無上靈感、太歲保平安，消災解厄、增強磁場、招財旺氣

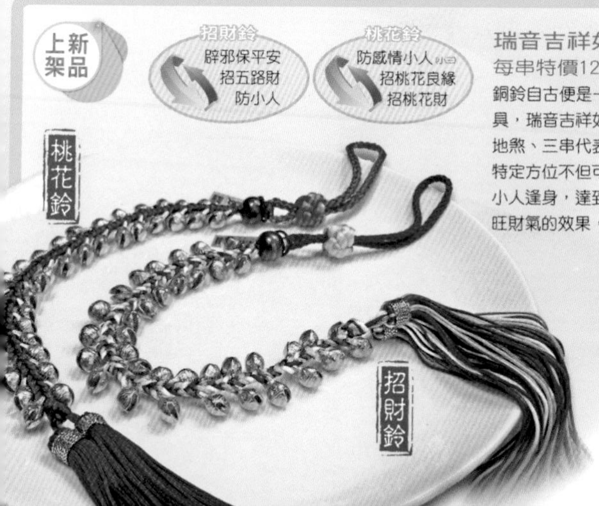

瑞音吉祥如意鈴

每串特價1280元

銅鈴自古便是一種警示的道具，在風水學上被當為一種辟邪工具，瑞音吉祥如意鈴以一串代表三十六天罡，二串代表七十二地煞、三串代表一百零八道天羅地網的防護之意，懸掛在家中特定方位不但可防陰靈鬼祟侵擾、常保居家平安，更能防五鬼小人逢身，達到防小人的目的。同時銅鈴發出的金聲也具有招旺財氣的效果，讓你一次達到辟邪、防小人、招財三大目的！

■尺寸規格：銅鈴三十六顆、長49公分、小金符
■五色線流蘇（招財鈴）、紫色線流蘇（桃花鈴）

兩種瑞音吉祥如意鈴的懸掛方法說明

1. 防小人保平安：可懸掛於前後門或以三串如意鈴掛於房子的三角能量點。
2. 招財招福：可懸掛於陽宅的財位、主要門路或採光面或房子的三角能量點。
3. 招桃花求姻緣：可懸掛於臥房的桃花位或臥房的三角能量點。

財寶天王

特價2380元

財寶天王是藏傳佛教最著名的財神，為四大天王之一，又名多聞天王，掌管八路財神。

「財寶天王」選用招財磁場最強的黃水晶材質，加上大師開光之天王莊嚴寶像，戴上「財寶天王」就如天王護身加持，能發揮極佳的招財效果！可保事業興旺、財源滾滾，一生富貴享用不盡，有心求財者千萬不能錯過！

加強「財寶天王」招財神效之法門

1. 諸惡莫做、諸善奉行、多佈施。
2. 每日持財寶天王心咒108遍。
「嗡 貝也夏瓦納耶 梭哈」

■規格：黃水晶財寶天王
■黃水晶串珠108顆

琥珀聚寶袋

特價2380元（±10克）、2680元（±11克）

琥珀為佛教七寶之一，可安魂定魄、調和氣血、舒緩筋骨，琥珀特有的磁場更可以避邪除障，金黃色的琥珀聚寶袋項鍊符合佛教密宗修持可得財利的象徵，不但有助護身修持保平安，還能兼具聚財及招福納祥的功效，真是一舉兩得的開運法寶！

■規格：天然琥珀聚寶袋

琥珀避邪，寶袋聚財！

財福兼納，一物兩用！

註：琥珀聚寶袋墜飾為手工雕製，每只形狀略有出入。

人氣最夯的貔貅開運飾品！

黃水晶貔貅項鍊＆手鍊

每串特價1680元

貔貅是中國古代的一種瑞獸，在風水上經常被當成驅邪、擋煞、鎮宅之用，威力之強是有目共睹的。貔貅喜愛金銀財寶的氣味，故常咬財寶回來討主人歡心，因而除了上述功能以外，其招財、旺財的功能更是為人津津樂道。黃水晶的旺財磁場是所有水晶當中最佳的，再配合貔貅的雕飾造型與大師的加持，將產生不可思議的強大功效！黃水晶招財貔貅可以幫您辟邪擋煞、招正偏財氣、增強旺財磁場，是您隨身開運的最佳聖品！

黃水晶貔貅手鍊可以幫配戴者避邪、擋煞、趨吉避凶，同時也是不可多得的招財、求財寶物，加上黃水晶超強的招財磁場，可以讓您錢財過手、有進無出不漏財，幫您守住財富、守住平安，加上特殊切割面的黃水晶串珠，黃水晶貔貅手鍊就像一件精緻的開運飾品。

■規格尺寸：黃水晶貔貅項鍊
■黃水晶串珠88顆
■規格尺寸：黃水晶貔貅手鍊
■特殊切割面黃水晶串珠
註：公貔貅（男用），母貔貅（女用）購買時請先註明。

量身訂製、吉時開刻，啟動您的招財密碼！

黃水晶開運印章

特價3980元　方圓對章合購特價7680元

陳冠宇大師依照個人姓名、八字擇定最佳之吉日良時開刻完成，幫您精心調配印鑑之八卦五行能量，加上招財磁場最強的黃水晶印章，經常使用能開通運勢、增強財氣，當作銀行開戶印鑑可以幫您鎮守財庫，讓財源生生不息。

（有圓形章與方形章兩款，功效相同，視個人喜好選擇）

■規格尺寸：高6cm×寬1.8cm
■精緻蛇紋皮質印盒
■訂購時請註明姓名、性別與八字，完成訂購後約須二星期工作天。

開運五龍圖中堂　　特價12000元

龍自古便是帝王權勢尊貴的象徵，除此之外，龍也是具有鎮宅辟邪、生財催旺、開運造福效果的靈獸，一直以來都是達官貴人的最愛，而五龍圖又是其中之最。開運五龍圖中堂的五色祥龍具有五行相生之奇效，能補缺填漏、相互催旺，讓你五福俱足、人生圓滿、五路進財、事事興旺！送禮最氣派！自用最吉祥！

■規格尺寸： 106公分×67公分 ■高級原木藝術外框

開運五龍圖　　特價8800元

開運五龍圖乃中國蘇繡之精品，以金絲線純手工繡製而成，開運五龍圖代表東南西北中五路開運、五路進財，懸掛開運五龍圖，立刻讓您滿室生輝、財源廣進、好運旺旺來！

■規格尺寸： 66公分×66公分 ■高級金漆藝術外框

團結和諧力量無窮，再創公司輝煌成就！

合作無間祈福開運字畫（本真跡非印刷品）

特價6000元

所謂團結力量大，內部的團結和諧是任何團體穩定成長的原動力，大到跨國企業、小至商店門市，能不能永續經營、財源廣進，關鍵就在於「團結」！合作無間祈福開運字畫能凝聚公司向心力、避免內部亂源發生，讓您的事業一舉攀上高峰！

使用方法：

以毛筆點硃砂在黃紙上畫一圓，代表和諧圓滿，再將所有股東姓名寫於圓圈內，放進紅紙袋中，貼於「合作無間祈福開運字畫」背後即可。

■規格尺寸：60.6公分×47公分（含高級雕花紅木畫框）

絕對氣派的大師真跡 送禮、自用兩相宜！

本項採限量供應，敬請預購。

如意真跡祈福中堂字畫

特價12800元

人的運勢的旺衰，與充斥在空間中的氣場息息相關，而陽宅的氣場，來自空間內所有環境的擺設與動線規劃，如果能適當的在空間中擺設吉祥物，便能夠輕易達到活絡氣場以及旺氣的效果。由陳冠宇老師以硃砂撰文祈福，並經特別加持，招吉祥、添如意，擇貴人日掛於陽宅旺位或老闆辦公室，招財、祈福、旺旺來。本真跡字畫非印刷品，以紅色緞布及紅木框裱飾，氣派非凡，具收藏增值空間，新居及公司開幕當賀禮，財源廣進，如意又吉祥。

■規格尺寸：87公分×154公分（含高級紅木畫框）

太上老君
鎮宅化煞招財靈符中堂
特價6600元

陳冠宇大師精選太上老君七十二道靈符中之九道，規劃成九宮吉祥靈符中堂，誠敬奉之可讓家宅一切吉慶，福壽增延，子孫榮顯，財源廣進，升官發達，妖魔鬼怪不入侵，鎮宅平安，家運不興或家宅不平安、常有陰靈干擾者最適合懸掛，讓您一次解決家中所有問題。

■規格尺寸：長107公分×寬82公分
■高級藝術木框

招財鎮宅化煞保平安一次滿足！居家必備護宅開運寶物！

功效宛如聚寶盆！招財更勝開運畫！

百財圖 & 百祿圖
每幅特價4800元
二幅合購回饋價只要8600元

中國以「十」代表完全，以「百」代表圓滿無缺，百財圖與百祿圖以百種不同的字體，代表能夠廣納天地八方各種財源、收盡五湖四海所有利祿，不論您從事何種職業，也不論您想招何種財運，它們都能幫助您見財得財、逢祿必進！

百財圖 & 百祿圖 使用方法說明

新居舊宅、公司店面皆適用，請懸掛於進出最頻繁或是室內最顯眼的地方，只要增加與財祿二圖照面的機會，便可旺財於無形。

百財圖

■規格尺寸：長88公分×寬68公分
■高級藝術木框

百祿圖

簫身刻有四翼文昌梓潼帝君加持符籙及陳冠宇大師祈福加持印，雙重加持助您官運事業節節高升、學業進步、運勢越來越旺！

（本商品不含展示架）

紫竹高升名簫
特價1280元

簫是一種開運與避煞兼具的風水吉祥物，首先簫的竹節代表節節高升，對於財運、事業、學業、個人運勢都有催旺的功用；其次簫也有「消」的意涵，代表消遭解厄、趨吉避凶，能轉禍為福；另外，簫也代表「銷」，想要讓售屋或售貨更加順利者，可將簫掛於宅屋或店面，有助銷售願望的達成。

■規格尺寸：長60公分

吉祥如意中國結

特價299元

■規格尺寸：長36公分
■精緻手工如意中國結
■招財金符

中國結是我國繩藝與吉祥文化的完美結合，自古便廣泛被運用在服裝、家飾、藝品、掛飾等，它可與不同的吉祥結與吉祥物結合成不同的吉祥飾品，是非常受人歡迎開運吉祥物。吉祥如意中國結是結合了大紅的祥瑞吉慶結、招財進寶綴珠、六字大明咒綴珠及大師獨門財運亨通靈符，用途十分廣泛，它可以掛在陽宅的任何角落，可以幫助您招福納祥、迎財開運，掛於車內亦可常保行車平安、出門一路發。

開運五帝錢

特價299元

■規格尺寸：長38公分
■五帝錢×5枚
■精緻手工中國結
■獨門開運招財金符

五帝錢是指順治、康熙、雍正、乾隆、嘉慶等五代清代最興盛的皇朝所鑄之錢幣，從五行來看，五為土，而土生金，金者財也，想招財利者，可把五帝錢掛在財位或每日出入之門邊即可達聚財之效。而古錢曾經過千萬人之手，讓其沾上千萬人的能量氣場，所以也有一定的化煞作用。

五帝錢可以旺財也可化煞、鎮宅、避邪、防五鬼小人，可說是既方便有好用的開運用品，廣受一般大眾喜好。

平安一路發汽車吊飾

特價399元

馬路如虎口，出門在外，不但要求得平安順利，最好還要能一路連發，平安一路發吊飾最適合懸掛在車內，可以幫您鎮煞化煞、趨吉避凶，保您一路平安、事事順遂、出門見喜、滿載而歸！

■規格尺寸：長32公分
■精緻手工中國結

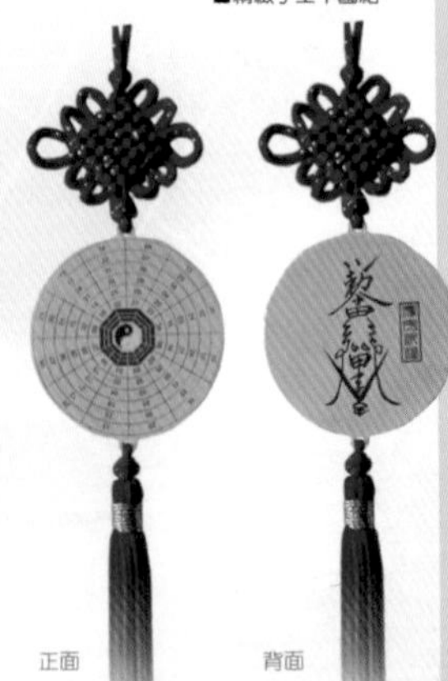

五福臨門開運掛飾

每串特價399元

■規格尺寸：長47公分
■精緻手工中國結

集中國吉祥象徵於一體，以五蝠代表五福臨門，加上古錢象徵福在眼前，十枚古錢代表十全十美、財運亨通，壽桃則表示福壽綿長，三者齊聚為福祿壽俱全之意，掛飾背後則有陳冠宇大師獨門的吉祥符，三種顏色的中國結各具有不同的意義，作為居家裝飾或車內吊飾，都能讓你福運昌隆、事事順心。

三種五福臨門開運掛飾說明
綠色：代表招財運、補財庫 適合掛於住家、公司、店面
紅色：代表旺事業、防小人 適合掛於公司、店面、書房
黃色：代表求健康、保平安 適合掛於臥室、車內、住家

黑曜石福祿掛飾

特價399元

■規格尺寸：長47公分
■天然黑曜石葫蘆
■精緻手工法輪中國結
■招財金符

黑曜石是一種用途廣泛的寶石，擁有強大的辟邪功能，可讓你趨吉避凶、常保平安，並具有吸收負面能量的強大磁場，幫助你將不好的氣場排出，讓身體健康、活力旺盛。

此掛飾是由黑曜石葫蘆(福祿)與吉祥中國結組成，加上陳冠宇大師獨門的招財金符，可讓你招財納福、避邪保安康，一次搞定！